ARNOLD F. KIENZL

SÜDTIROL

aus meiner Sicht

Arnold F. Kienzl
Südtirol aus meiner Sicht

Autor:
Arnold F. Kienzl

Herausgeber:
ATHESIA TOURISTIK - Ferrari Auer GmbH
Bozen, Lauben 41
Telefon: +39/0471 92 72 27
Fax: +39/0471 92 72 26
E-Mail: athesia.touristik@athesia.it

Gesamtherstellung:
ATHESIADRUCK, Bozen

ISBN 88-87272-34-4

INHALT

ERSTER TEIL

STREIFLICHTER EINES LEBENS

ZWEITER TEIL

GESCHICHTE SÜDTIROLS

DRITTER TEIL

LAND UND LEUTE

VORWORT

Dieses Buch habe ich für meinen Vater geschrieben, der mir in den ersten Jahren meines Lebens und in der kurzen Zeit, die für uns blieb, so viel von seiner Heimat und meinem Geburtsland vermittelte.

Er verließ mit meiner Mutter und mit mir sein Südtirol im Januar 1940 und bahnte damit seinen Kindern den Weg in eine Zukunft, die sicherlich „daheim“ in Südtirol ganz anders ausgesehen hätte. Dafür ließ er sein junges Leben, 1945, 33 Jahre alt, kurz vor Ende des wahnwitzigen Krieges.

Ich schrieb es aber auch für meine Mutter, die in den schwierigsten Jahren ihres jungen Lebens mit einfachsten Mitteln und einem natürlichen Instinkt uns Kindern schon Herausforderungen aufbürdete und Verantwortung übertrug, die es uns ermöglichten, gemeinsam die Tücken und das harte und entbehrungsreiche Leben jener Jahre zu meistern.

Damit wappnete sie uns aber auch für unser zukünftiges Schicksal, das Hilfe nur aus eigener Kraft für uns alle vorsah.

Ich musste es aber auch schreiben, um den Konflikt zwischen mir und der „daheim gebliebenen“ Familie, den „Dableibern“ in Südtirol, zu begreifen. Schon als kleiner Junge schlugen mir bei bestimmten Familienangehörigen, Freunden und Bekannten unerklärbar verhaltene Gefühle entgegen, die ich auch heute noch bei meinen Besuchen in manchen Situationen verspüre. Es ist nicht greifbar, aber ich fühle mich trotzdem wie ein winziges Atom in der besonderen Geschichte Südtirols gefangen.

Deshalb versuche ich auch aus den Geschehnissen um die Option und aus der mehrere tausend Jahre alten Geschichte des Landes die Eigenart und die Gefühle der Menschen dort zu verstehen.

Die Geschichte vom „Land im Gebirg“ nimmt auch aus diesem Grunde einen großen Teil in meinem Buch ein, allerdings ohne jeglichen Anspruch, einer wissenschaftlichen Überprüfung standzuhalten.

Der Faschismus veränderte die sprachlich-ethnische Landschaft Südtirols schon bevor ich zur Welt kam. 1910 gab es im heutigen Südtirol 7000 Italiener, 1939 lebten 100.000 dort. Diese Italiener waren keine Volksgruppe wie die Südtiroler. Sie wurden aus ganz Italien zusammengewürfelt, hatten keinen gemeinsamen Dialekt und keine gemeinsame Vergangenheit. Aber: In den dramatischen 50 Jahren zwischen 1939 und 1989 ist das neue, dreisprachige Südtirol mit sehr großen Geburtswehen geboren worden.

Deutsche, Italiener und Ladiner haben versucht, ein gemeinsames Heimatgefühl zu entwickeln. Der Erfolg der Provinz in wirtschaftlicher Hinsicht und das gegenseitige Verständnis haben alle zusammenwachsen lassen.

Wer heute mit offenen Augen durch Südtirol geht, der muss zugeben, dass dem Land die positiven Elemente aus Italien nur gut getan haben. Er kann auch nicht übersehen, dass es den Südtirolern heute gut geht, so gut wie nie zuvor. Natürlich muss nach wie vor das vorhandene Misstrauen auf beiden Seiten abgebaut werden. Was wissen denn die meisten Italiener schon von der Südtiroler Geschichte? Wahrscheinlich genauso wenig wie heute mancher Südtiroler!

Arnold F. Kienzl
Heidenheim, Juli 2002

ERSTER TEIL

STREIFLICHTER EINES LEBENS

DIE STUNDE NULL

Wie so oft in jenen Tagen des Februars 1945, musste der Blockobmann des am Rande der Weststadt von Heidenheim gelegenen Fürsorgeheims als Briefträger zusätzliche Arbeit verrichten. War er doch neben seinem Beruf genug mit der Erfassung von Veränderungen, Übermittlung von Informationen, Überprüfung der Verdunklungen am Abend und Aufrechterhaltung der Ordnung in seinem „Block" beschäftigt.

Annähernd 15 Minuten würde er für eine Wegstrecke benötigen, dachte er sich, als er von der Steinheimer Straße in den „Schwarzen Weg" einbog. Ungefähr 300 m vor ihm lag der einzige große Bau in dieser neuen Wohngegend, die „In der Reute" genannt wird. In der Mitte ein hoch aufragendes Wohnhaus, flankiert von länglichen Gebäuden mit je sechs Wohnungen, die wie die heutigen Reihenhäuser aneinander geschmiegt dalagen. Sein Schritt verlangsamte sich etwas, als er den leichten Anstieg überwunden hatte.

Inzwischen kam unruhiges Leben in die Gebäude, denn der schon von weitem sichtbare Botschafter brachte schon lange keine guten Nachrichten mehr. Fenster und Türen öffneten sich, Nachbarn wurden durch Zuruf und durch Klopfzeichen informiert. Straßen gab es dort noch nicht, selbst errichtete Fuß- und Hohlwege erfüllten leidlich ihren Zweck.

Am großen Hohlweg vor dem Tor entschied sich, ob er die Botschaft in den östlichen oder westlichen Flügel bringen würde. Alle Familien, sie bestanden in diesen Tagen nur aus Frauen und Kindern, versammelten sich vor der Haustür. Als er zielsicher auf den großen Durchgang zuschritt, fiel den östlichen Bewohnern und denen im Haupthaus ein

Stein vom Herzen. Dafür trat bei den noch verbleibenden sechs Familien im Westflügel eine beklemmende Stille ein.

Mein Bruder Arthur, etwas mehr als vier Jahre, meine Schwester Erika, noch nicht ganz drei Jahre, und ich, gerade mal sieben Jahre alt, standen an diesem lauwarmen Februartag des Jahres 1945 mit unserer Mutter, sie im 29. Lebensjahr, auf der Treppe vor dem Hauseingang.

Inzwischen konnten die ersten beiden Familien schon wieder aufatmen, und an den Eingängen mit den Nummern 64 und 66 schritt er auch zügig vorbei. Plötzlich sank Frau Tausend, die Nachbarin im letzten Reihenhaus, mit einem Stöhnen zusammen. Die Chancen lagen für beide Familien jetzt nur noch bei fünfzig zu fünfzig. Er verlangsamte seinen Schritt und blieb vor uns stehen. Diesmal hat es also uns getroffen. Die Worte „für Führer, Volk und Vaterland bei Straßburg am 17. Januar 1945 gefallen“ trafen uns wie Peitschenhiebe. Einmal mehr waren wir allein. In diesen Sekunden ging meine Kindheit zu Ende.

DER BRIEF DES OBERBÜRGERMEISTERS

Am 17. Februar 1945 erhielt meine Mutter vom Oberbürgermeister der Stadt Heidenheim einen Brief mit folgendem Wortlaut:

„Sehr geehrte Frau Kienzl!

Mit tiefem Mitgefühl erfahre ich, dass Ihr Mann Matthias Kienzl für Deutschlands Größe, Ehre und Zukunft im Westen gefallen ist. An dem schweren Leid, das Sie und Ihre Angehörigen getroffen hat, nehme ich aufrichtig und herzlich teil.

Mögen Sie Trost darin finden, dass Ihr lieber Mann sich als tapferer Soldat für Führer, Volk und Reich hingegeben und so das größte und heiligste Opfer, dessen ein deutscher Mann fähig ist, gebracht hat! Mit dem Einsatz seines jungen Lebens hat er sich dem Feinde entgegengestellt, der Deutschland und Europa zu vernichten droht. Fernste Geschlechter und Zeiten noch werden in Ehrfurcht und Dankbarkeit das Gedächtnis der Helden dieses gewaltigen Kampfes der Weltgeschichte lebendig im Herzen tragen. Deshalb darf Ihre Trauer eine stolze sein.

Als Vater dreier Kinder hat Ihnen Ihr gefallener Mann ein lebendiges Vermächtnis hinterlassen; damit wirkt sein Bluts-erbe in die deutsche Zukunft hinein. Ihr Mutterglück und die große Aufgabe, für Ihre Kinder zu sorgen und sie zu tüchtigen deutschen Menschen heranzuziehen, werden Ihnen helfen, den harten Verlust zu überwinden.

Später wird die Stadt Heidenheim dafür sorgen, dass auch das Andenken Ihres in diesem Weltenkampf für Deutschland gefallenen Mannes in würdiger Form für alle Zukunft erhalten wird. Ich wäre Ihnen dankbar dafür, wenn Sie mir jetzt schon für das Städtische Archiv ein Bild, möglichst eine Lebensbeschreibung und vielleicht auch Schriftstücke Ihres Mannes, die nach Abschriftnahme sofort zurückgegeben werden, überlassen könnten, damit das Andenken des Gefallenen zunächst auf diese Weise festgehalten werden kann.“

Heil Hitler!
Dr. Meier, 17. Februar 1945

Gerade in den letzten Kriegstagen des Jahres 1945 erscheint der Inhalt dieses Briefes geprägt von Größenwahn und Zynismus.

DER „NACHLASS“

Beinahe wohltuend empfanden wir den in den gleichen Tagen eingegangenen Brief des Leutnants und Kompanieführers, Gerhard Walliser, der in anteilnehmenden Worten den Vorgang, der zum Tode meines Vaters führte, beschrieb. Danach wurde er in der Nähe der Kirche in Herlisheim bei der Reparatur einer Fernsprechleitung durch einen Schuss durch die Brust getötet. Dem Schreiben lag eine ausführliche und von ihm selbst gefertigte Skizze über den Ort der Bestattung, nämlich auf dem Friedhof von Gamshurst, in der Nähe von Litzloch im Elsass, bei.

Auch der kümmerliche Nachlass, der gleichzeitig übermittelt wurde und aus einer Brieftasche mit RM 91,70, einer Taschenuhr und einem Foto-Taschenalbum bestand, berührt mich heute noch aus einem anderen Grund zutiefst.

In der erwähnten Brieftasche befand sich auch das katholische Feldgesangbuch meines Vaters, der ein religiöser Mensch war. Dieses Gesangbuch, herausgegeben „mit Genehmigung des Katholischen Feldbischofs der Wehrmacht vom 24. August 1939“ war es, das mir schon als junger Mann zu denken gab und später auch dazu beitrug, die „Organisation“ katholische Kirche mit kritischen Augen zu sehen.

Dass in diesem Feldgesangbuch auf Seite 10 der „Fahneneid des deutschen Soldaten“ auftaucht, ist eine Sache. Für mich aber bis heute noch schwer zu begreifen sind die für die Messen vorgesehenen Gebete für „Führer, Volk und Wehrmacht“, „Segne besonders unseren Führer“ und die von der katholischen Kirche zugelassenen und missbrauchten Lieder „Treu zu Führer, Volk und Reich“, „Herr, segne unsre Waffen“ usw..

ZURÜCK NACH SÜDTIROL?

Natürlich kreisten alle Gedanken jener Tage um den zukünftigen Verbleib der Familie. Eine Rückkehr nach Südtirol erschien die beste Alternative für meine Mutter und für uns. Die Antwort auf den Brief, den meine Mutter an ihren Stiefvater schrieb, ließ lange auf sich warten, zu lange. Wir hatten schon die wichtigsten Habseligkeiten gepackt, als die enttäuschende Antwort kam: „Ihr habt Euch für ‚draußen' entschieden, also bleibt auch dort."

An dieser Stelle muss ich die Hintergründe, die zur Entscheidung meiner Eltern führten, Südtirol zu verlassen, aufzeigen.

DIE OPTION

Ein düsteres Kapitel in der Südtiroler Geschichte war die so genannte Option von 1939. Meine Eltern standen vor über 60 Jahren vor der tragischen Alternative, die deutsche Staatsbürgerschaft anzunehmen und ins „Reich" abzuwandern, oder die italienische Staatsbürgerschaft beizubehalten und in Südtirol zu verbleiben. Die beiden Diktatoren, Hitler und Mussolini, wollten damit das „Südtirolproblem" ein für alle Mal aus der Welt schaffen. Die Spuren der Verzweiflung, in die damals ein ganzes Volk getrieben wurde, sind heute noch nicht verwischt.

Es gibt ihn immer noch, den Unterschied zwischen „Optanten" und „Dableibern", und ich kann es schwer fassen, dass mir persönlich noch im Jahre 2000, als damals dreijähriger „Optant", ein merkwürdiges emotionales Verhalten, sogar auch von meinen eigenen Verwandten, entgegenschlägt. Wir werden beim Studium der ganzen Vorgänge ein Reihe von Gründen für bestimmte Verhaltensweisen entdecken und sogar verstehen lernen. Eine unvoreingenommene Beurteilung ist auch heute noch für beide Seiten schwierig.

Erinnern wir uns noch einmal: Südtirol war mit Friedensvertrag von St. Germain in einen fremden Staat, Italien, eingegliedert worden. Mein Vater leistete deshalb seinen Wehrdienst in Neapel ab, und er ging schon, 1912 in Lana geboren, zum Teil in die italienische Schule.

Meine Mutter, die 1923 „In der Gegend“ bei Lana, am Beginn des herrlichen Ultentals, eingeschult wurde, hatte nur wenige Wochen deutschsprachige Lehrer. Schon im Januar hatten die Faschisten in Bozen ihr Programm zur Italianisierung Südtirols verkündet. Darin wurde vor allem Italienisch als einzige Amtssprache eingeführt und der Unterricht in Deutsch an allen Schulen verboten.

Tausende von Orts- und Flurnamen wurden ins Italienische übertragen, was bis heute teilweise abenteuerliche Sprachblüten hervorgebracht hat. Im Sommer des gleichen Jahres wurde dieses Programm auch im entlegenen Ultental rücksichtslos in die Tat umgesetzt.

Das war nicht nur eine schwierige Situation für die Schüler. Die Lehrerin meiner Mutter für Italienisch kam aus Piacenza und musste nun ihr Leben, gemieden von den meisten Dorfbewohnern, auf dem Lande fristen. Mein Urgroßvater versorgte nicht selten durch meine Mutter diese vereinsamte junge Dame zumindest mit Lebensmitteln und der Kontakt brach auch nicht ab, als sie wieder nach Hause durfte und meine Mutter schon verheiratet war. Noch härter traf es ihre deutschsprachige Lehrerin, Anne Laimer, die zur einfachen Hilfskraft in der Landwirtschaft degradiert wurde.

Es entstanden in vielen Dörfern so genannte „Notschulen“ oder „Katakombenschulen“, die in Bauernstuben abgehalten wurden. Der Widerstand wurde entscheidend von Kanonikus Michael Gamper, viele Jahre Chefredakteur des „Volksboten“, geprägt. Er und seine Mitstreiter beschafften von „draußen“, gemeint ist Deutschland und Österreich, Schulmaterial, das über die Grenzen geschmuggelt und anschließend in Sakristeien und Kirchen gelagert wurde. Einige Lehrer bezahlten dafür mit dem Leben.

Der Rechtsanwalt Dr. Josef Noldin organisierte in Bozen deutschen Unterricht, dafür wurde er auf die Strafinsel Lipari verbannt. Angela Nikoletti betrieb in Kurtatsch eine deutsche Geheimschule und wurde dafür eingesperrt.

Den deutschsprachigen Italienern, also den Südtirolern, wurde vieles aufgezwungen, und noch mehr verboten. Zunächst alles, was mit dem Südtiroler Brauchtum zu tun hatte: Das Tragen der Tracht, Musizieren und Singen von bestimmten Liedern war strengstens verboten, ebenso wie alle Vereine.

Als ich am 2. November 1937 geboren wurde, waren meine Eltern gezwungen, mir den Namen Arnoldo zu geben. Erst die ein paar Minuten später stattgefundene amtliche Übersetzung erlaubte mir die Namensführung des mir von meinen Eltern ausgesuchten Namens Arnold.

HIMMLER UND SEINE SIEDLUNGSPOLITIK

Tatsache ist, dass mit der Machtergreifung Hitlers die auslandsdeutschen Minderheiten immer mehr zur willkommenen Himmlerschen Siedlungspolitik wurden. Die so genannte Nibelungentreue der Südtiroler kam diesem Machtstreben entgegen. Die Südtiroler wussten, dass sie aus eigener Kraft das italienische Joch nicht abschütteln konnten. Österreich hatte praktisch ab 1938 aufgehört zu existieren.

Also konnte die erträumte Befreiung nur von Deutschland ausgehen.

Wieder einmal mehr war es Göring, der schon 1933 an der Regelung der Südtirolfrage bastelte und deshalb in Rom für ein Verständnis in der Anschlussfrage Österreichs warb. Im Gegenzug offerierte er eine deutsche Verzichtserklärung auf die Brennergrenze. Hitler wusste er in dieser Frage ganz auf seiner Seite. 1937 sprach Göring offen über den Plan der Umsiedelung der Südtiroler und schon 1938 bestand zwischen Italien und Deutschland ein Einverständnis in dieser Frage.

GEHEIMVEREINBARUNG IN BERLIN

Am 23. Juni 1939 kam es in Berlin zu der für Südtirol folgenschweren Übereinkunft. Himmler präsentierte im Staatspolizeiamt den fünf italienischen und zwölf deutschen Delegationsmitgliedern seinen Dreistufenplan. Zunächst waren sich die Delegationen einig, erst später stellte sich heraus, dass Berlin eine Totalumsiedelung wollte, Rom jedoch nur eine Teilumsiedelung, da Südtirol ohne Südtiroler keine wirtschaftliche Leistung mehr erbringen konnte. Leider akzeptierte die später auf der Seite der Optanten stehende Bewegung „Völkischer Kampfring Südtirols" (VKS) sehr bald das Diktat aus Berlin.

Während die Dableiber, deren Organisation des „Deutschen Verbandes" wurde von den Faschisten aufgelöst, sozusagen ohne Sprachrohr und zur Unglaubwürdigkeit herabgestuft dastanden, nutzte der VKS die totale Unterstützung Himmlers. Er empfing sogar eine Delegation des VKS am Tegernsee und versprach ihnen eine Wiederansiedlung in einem „geschlossenen Gebiet". Die Idee der geschlossenen Gebiete sollte bei der Wiederansiedlung noch eine große Rolle spielen.

Zunächst kündigte im Oktober 1939 Himmler den Südtirolern ein geschlossenes Siedlungsgebiet an. Das soeben eroberte Bergland nördlich der Beskiden in Galizien wurde aber, von einigen Dableibern besichtigt, anderen schon aus dem Ersten Weltkrieg bekannt, als ungeeignet entlarvt und deshalb von den Nazis wieder fallen gelassen.

Im Juli 1940, als Hitlerdeutschland Frankreich besetzt hatte, brachte Himmler ein neues Siedlungsgebiet ins Gespräch: Burgund. Alles war nach seiner Meinung ideal. Sowohl die Landschaft als auch die klimatischen Bedingungen böten die ideale Grundlage für Obst- und Weinbau. Die Franzosen sollten umgesiedelt werden. Besancon sollte in Bozen, Chalon in Meran, Dole in Brixen, Pontalier in Bruneck und Auxume in Sterzing umgetauft werden.

Als die Nationalsozialisten 1941 mit der Aussiedlung von Slowenen begannen, sprach man von einer möglichen Umsiedlung dorthin sowie nach Südkärnten und in die Südsteiermark. Sogar eine Umsiedelung auf die russische Halbinsel Krim hielten die verrückten Nazis für möglich. Alles Phantasiegebilde! Im Gegenteil, zum Jahresende 1940 geriet die Umsiedlung erheblich ins Stocken.

Träume wichen der Wirklichkeit, als die ersten Berichte der Umsiedler in der Heimat bekannt wurden. Während meine Familie nach Heidenheim verfrachtet wurde, musste der beste Freund meines Vaters, Sepp Huber, mit seiner Familie in Ulm Quartier beziehen. Die Umstände dort brachten seine Frau beinahe zur Verzweiflung, und ohne die Ankunft der Möbel abzuwarten verschwanden die beiden in Richtung Südtirol, in Wirklichkeit aber für immer.

Trotz intensiver Suche bis 1944 fand mein Vater keinen Kontakt mehr zu ihm.

HITLER IN ROM

Zurück zu Adolf Hitler. Sein Besuch 1938 in Rom wurde vom „Völkischen Beobachter“ folgendermaßen kommentiert: „Vom Brenner bis Rom begrüßte ihn begeistert das italienische Volk.“ Viele Südtiroler glaubten damals, dass Hitler in Rom vom Duce Südtirol als „Geschenk der Freundschaft“ entgegennehmen würde. In Österreich waren ja schon die Deutschen, warum nicht auch in Südtirol?

Tatsächlich ordnete Hitler aber an, dass bei der Hin- und Rückfahrt durch Südtirol alle Fenster des Zuges mit Vorhängen versehen und geschlossen bleiben müssen. Die Italiener ordneten an, dass sich in ganz Südtirol „keine Person in Lederhosen, Kniestrümpfen oder gar in der Tracht“ den Bahngleisen nähern dürfte. Nur Personen in schwarzer Kleidung oder in Uniform durften zum Jubeln in die Nähe eines Bahngleises oder eines Bahnhofes.

Die Südtiroler glaubten in ihrer damaligen Verblendung immer noch, dass solche Anordnungen nur der Phantasie der verhassten Italiener entspringen könnten und dass Hitler davon nichts wusste.

In diesem Punkte aber irrten sich die Südtiroler gewaltig. Hitler war von Anfang bereit, Südtirol zu Gunsten eines guten Verhältnisses zwischen Berlin und Rom zu opfern. Außerdem gab es da auch noch zu danken. Das neutrale Verhalten Mussolinis bei der Annexion Österreichs am 13. Mai 1938 war für ihn schon ein Südtirolopfer wert.

HITLERS „TRINKSPRUCH“

In Italien selbst wurde Hitler gefeiert. In Südtirol aber wartete man an den Rundfunklautsprechern auf ein Zeichen

Hitlers. Es kam kein Zeichen, dafür die Hiobsbotschaft vom 7. März 1938 in Form eines Trinkspruches von Hitler auf die Freundschaft mit Duce und Italien:

„Wir beide wollen, da wir nun unmittelbare Nachbarn geworden sind, jede natürliche Grenze anerkennen, welche Vorsehung und Geschichte unseren Völkern klar und sichtbar gezogen haben. Es ist mein unerschütterlicher Wille und mein Vermächtnis an das deutsche Volk, dass es die von der Natur zwischen Italien und Deutschland aufgerichtete Alpengrenze für immer als unantastbar betrachtet."

Dieser Trinkspruch schlug bei den Südtirolern wie eine Bombe ein. Gerade hoffte der hitlertreue VKS noch auf eine Angliederung. Jetzt schwenkte man, quasi über Nacht, um und die Devise lautete nun: Für Großdeutschland muss man selbst seine Heimat opfern können.

Der geheimen Vereinbarung von Berlin vom 23. Juni 1939 folgte die erste offizielle Verlautbarung, sechs Tage später in Meran, durch den Chef aller außerhalb Deutschlands lebenden SS-Gruppen, Gauleiter Bohle, in einer Versammlung der italienischen Ortsgruppenleiter. Die Mitteilung der „Rückführung" der Südtiroler traf ganz Südtirol. Vom Führer war man maßlos enttäuscht. Keine Erklärung aus Deutschland! Erwartet wurde bisher die Angliederung Südtirols an Deutschland und nicht die Rückführung seiner Einwohner unter dem gleichzeitigen Verzicht auf die Heimat.

Am 21. Oktober wurde das Abkommen zwischen Rom und Berlin endgültig fixiert. Die Südtiroler konnten durch die Abgabe eines roten Stimmzettels für die deutsche Staatsbürgerschaft optieren und in das Dritte Reich abwandern, oder sich durch die Unterzeichnung des weißen Stimmzettels für einen Verbleib in Italien entscheiden. Ellen von Lutterotti fragt in ihren Erinnerungen an die Dableiber und Geher: „Kann man abstimmen, sein Land zu verlassen, das von den Väter ererbt war, um dessen Erbe aufrechtzuerhalten, um sein Volkstum zu beweisen? Oder war es Verrat, seiner Heimat treu zu bleiben und dadurch der Stimme der Nation nicht zu folgen?“

Diese heiklen Fragen lösten einen Propagandafeldzug zwischen Optanten und Bleibern aus. Hass und Zwietracht zerrissen Familien, Freundschaften und Dorfgemeinschaften. Praktisch gab es ja bis zur Veröffentlichung am 26. Oktober 1939 keine Information. Gerüchte und Propaganda waren oft Grundlage der Entscheidungsfindung.

Mein Vater diente in dieser Zeit als Soldat in der italienischen Armee in Macerata im 226. Infanterieregiment. Er meldete sich krank und wurde am 24. September 1939 nach Lana zur Erholung entlassen. Dort optierte er für die deutsche Staatsbürgerschaft und wurde damit automatisch aus der italienischen Armee entlassen. Gleichzeitig handelte er sich aber auch die große Ungewissheit der Abwanderung ins Deutsche Reich ein. Diese wurde schon wenige Wochen später, mit deutscher Pünktlichkeit, am 1. Januar 1940 harte Wirklichkeit. Ich werde darüber an anderer Stelle noch ausführlich berichten.

OPTANTEN UND DABLEIBER

Der VKS – mittlerweile zum Sprachrohr der Optanten mutiert – agierte im Stile Goebbels. In den Flugblättern wurde berichtet, dass jeder Südtiroler mindestens so viel Besitz erhalten würde, wie er in Südtirol hinterlassen habe. Jeder Bauernsohn bis zum Viertgeborenen werde im neuen Siedlungsgebiet einen eigenen Hof erhalten. Außerdem würde man „draußen“ in einer genau gleichen Gegend angesiedelt werden. Zusätzlich kam die „sizilianische Legende“ auf: Wer nicht für Deutschland optiert, würde nach Sizilien umgesiedelt.

Die Gräben wurden immer tiefer. Geschäfte der Bleiber wurden boykottiert und in Gasthäusern wurden sie nicht mehr bedient. Den „Welschen", jetzt ein Schimpfwort, wurden sogar die Angestellten weggenommen. Die Propaganda wurde von den Südtirolern selbst geschürt. Es gab Versammlungen für Optanten und solche für Dableiber und immer wieder wurde den Bleibern mit der zwangsweisen Umsiedlung nach Sizilien gedroht.

Auch die Italiener gossen mit ihrer Politik Öl in das lodernde Südtiroler Feuer. In allen Gaststätten musste kurzfristig in ganz Südtirol alles weibliche Personal durch italienische Männer aus Norditalien ersetzt werden. Es durfte nun auch in den Gaststätten und Hotels kein deutsches Wort mehr gesprochen werden, was in den Rathäusern, bei der Post, der Bahn und auf den Polizeistationen schon längere Zeit selbstverständlich war, da dort ausschließlich Italiener ihre Dienste verrichteten.

Die Bozner Industriezone wurde mit aller Macht aus dem Boden gestampft. Dort durfte kein Südtiroler, weder bei der Errichtung oder danach, im Betrieb beschäftigt werden. Als der Bischof von Brixen, Johannes Geisler, mit einer Südtiroler Delegation nach Rom fuhr, um von Mussolini die Zusicherung des weiteren Verbleibs der Dableiber in Südtirol zu erhalten, wurde er nicht einmal empfangen. Die Optanten erhielten weiter Oberwasser.

Die Dableiber – es waren nur noch Reste einer Organisation vorhanden – sammelten sich unter dem christlich-sozial bis liberal zusammengesetzten Deutschen Verband und den verschiedenen Organisationen der katholischen Kirche. Während aber Bischof Cölestin, von der Diözese Trient, ein großer Gegner der nationalsozialistischen Idee war und sich für die Dableiber einsetzte, war Bischof Johannes Geisler in Brixen der Ansicht, dass „der Hirte mit der Herde" gehen sollte.

Ende 1939 entstand ein riesiger Apparat, der die Auswanderung und Wiederansiedlung der 213.000 Optanten organisieren sollte. Zentral von Berlin aus wurden die Institutionen in Südtirol geleitet. Dort waltete der direkte Vertreter von Himmler, SS-Sturmbandführer Wilhelm Luig, seines Amtes. Er war Leiter der Amtlichen Deutschen Ein- und Rückwanderungsstellen (Aderst) in Bozen, Meran, Brixen, Bruneck, Sterzing und Tarvis.

Zuerst begann Mitte November 1939 die Abwanderung der Leute ohne Grundbesitz. Bis Jahresende waren es ca. 11.500. Durch den Kriegseintritt – und sicher auch aus wirtschaftlichen Gründen – wollte die italienische Regierung die Ablösung des Haus- und Grundbesitzes der Deutschen nicht vornehmen, und so unterblieb die Umsiedlung derjenigen, die einen solchen Besitz hatten.

Nach den zumeist negativen Berichten, die Ende 1940 und Anfang 1941 von den inzwischen in aller Welt verstreuten Umsiedlern über deren neue Heimat und die Lüge der Nazis über die Wiederansiedlung in einem geschlossenen Gebiet in Südtirol eintrafen, versuchten nun auch die härtesten Optanten ihre Abwanderung zu verzögern oder gar zu verhindern. Den Italienern kam diese Entwicklung nicht ganz ungelegen. Wir waren aber zu dieser Zeit schon in Heidenheim.

UNSER WEG NACH HEIDENHEIM

In der Nacht vom 1. zum 2. Januar 1940 war es dann auch für uns so weit. Der Hausrat war schon Tage zuvor zur Zentralen Verschickung gebracht worden, da ja zum Zeitpunkt der Abfahrt noch lange nicht alle wussten, wohin sie ihr Schicksal führen wird. Ein Zug nach dem anderen rollte damals über den Brenner. Ende 1940 hatten bereits 57.000 Südtiroler ihre Heimat verlassen. Mehr als zwei Drittel der

Südtiroler wurden in Österreich angesiedelt. Das Hauptkontingent der Abwanderer stellten die sozialen Unterschichten, zu denen auch mein Vater gehörte. Er war der zweite Sohn eines Kleinbauern und wurde deshalb Schuster. Diese Schicht verfügte nur über einen geringen oder keinen Besitz.

Es waren Angestellte, Arbeiter, Freiberufler, landwirtschaftliche Pächter oder Kleinbauern, die zuerst die Heimat verließen. 1945 wusste man es ganz genau: Nur 9 Prozent der Auswanderer kamen aus der Landwirtschaft.

Meine Eltern und ich fuhren mit wenig Gepäck über Bozen mit dem Zug nach Innsbruck. Den Schilderungen meiner Mutter nach war es eine lange und kalte Nacht. Der überfüllte Zug musste öfters wegen Schneeverwehungen anhalten. In Innsbruck wurde meinem Vater sein Ziel, das Städtchen Heidenheim/Mergelstetten in Baden-Württemberg, genannt. Meine Mutter und ich landeten in einer Kaserne in Berchtesgaden und hofften auf eine baldige Nachricht von Vater.

Der war mittlerweile nach einer Anmeldung beim zuständigen Bürgermeisteramt auf Wohnungssuche in Heidenheim. Eine Arbeitsstelle wurde ihm in einem Zementwerk in Mergelstetten angeboten. Auch er stieß, wie viele der Umsiedler, bei seiner Wohnungssuche nicht auf große Gegenliebe, deshalb verlangsamte sich auch der Auswanderungswille rapide, als die ersten Nachrichten über die wirklichen Zustände im Reich zu Hause bekannt wurden.

Er fand dann ein Zimmer mit WC- und Küchenbenutzung in der damaligen Adolf-Hitler-Straße in Mergelstetten und zwei Wochen später waren wir wieder alle zusammen. Kurze Zeit später fanden wir in der gleichen Straße eine kleine Wohnung. Dort wurden dann auch im Dezember 1940 mein

Bruder Arthur und 1942 meine Schwester Erika geboren. Noch im November des gleichen Jahres zog die Familie nach Heidenheim in die heutige Scheidemannstraße.

Der Traum vom Auszug in ein gelobtes Land war gründlich verflogen. Keine Spur von einem gemeinsamen Siedlungsgebiet. Dafür eine Arbeit mittlerweile als Revolverdreher (Munition) bei der Firma Waldenmaier in Heidenheim und ein Bereitstellungsschein zur deutschen Wehrmacht. Mein Vater engagierte sich in der Kirche und bei verschiedenen Vereinen und versuchte, das Beste aus seinem einfachen Leben zu machen. Noch im Herbst 1944 wurde er eingezogen. Im Januar 1945 ist er gefallen.

Den beiden nicht verheirateten jüngeren Brüdern meines Vaters muss es ähnlich ergangen sein. Sie sind bis heute vermisst. Ich sehe heute noch meine Großmutter vor mir, als ich sie zum ersten Mal nach dem Krieg bei der Schwester meines Vaters besuchte. Eine gebrochene Frau, die innerhalb kurzer Zeit alle drei Söhne verloren hatte. Alle drei hofften durch ihre Entscheidung, Südtirol zu verlassen, auf eine bessere Zukunft. Alle drei haben sich gründlich geirrt.

DIE WAHL UND DAS RESULTAT

Zur Erinnerung: Am Silvestertag 1939, dem Ende der Optionsfrist, haben von 246.036 Optionsberechtigten 211.799 (86 %) für Deutschland gestimmt. Nur 34.237 stimmten für Italien. Darunter war nur ein einziges Dorf, Aufkirchen bei Toblach, das sich geschlossen fürs Dableiben entschieden hatte.

Ende 1943 waren es aber nur ca. 70.000, die Südtirol verlassen hatten. Dabei blieb es auch. Von den glücklichen 140.000 Optanten, die ihre Heimat nie verlassen mussten, wollten viele nach dem Kriege zu denen gehört haben, die für das Dableiben gestimmt haben.

Ab September des Jahres 1943, die ersten Anzeichen wurden schon ab 1940 wahrgenommen, war offiziell wieder deutsches Vereinsleben zugelassen. Dies hing natürlich auch mit dem Sturz von Mussolini, dem Übertritt der Italiener auf die Seite der Alliierten und der Besetzung Norditaliens und Südtirols durch deutsche Truppen zusammen. Es war schon so: Viele Südtiroler empfanden diese Vorgänge, nach 20 Jahren faschistischer Herrschaft, als Befreiung vom italienischen Joch. Der erhoffte Anschluss an das Deutsche Reich blieb jedoch aus. Der Widerstand in Südtirol gegen den Nationalsozialismus in den letzten zwei Jahren des Tausendjährigen Reichs war wirklich gering.

DIE REOPTION

Für unsere Familie erledigte sich die Reoption durch die Haltung meines Großvaters, der meiner Mutter mit ihren drei Waisen die Rückkehr auf den elterlichen Hof in Lana verweigerte, von selbst. Freunde oder Verwandte, bei denen wir vorübergehend hätten wohnen können, waren entweder nicht mehr am Leben oder vermisst, oder gerade selbst dabei, von Deutschland oder Österreich aus ihre Zukunft neu zu ordnen.

Die Verwandten oder Bekannten, die landwirtschaftlichen Besitz hatten, verhielten sich sehr zurückhaltend und wollten mit den Optanten möglichst nichts zu tun haben. Die Realität hat sie alle zu Dableibern gemacht und so verhielten sie sich auch gegenüber uns. Meine Mutter war auch nicht sicher, ob sie bei einer Rückkehr nach Südtirol die ohnehin schon magere Rente für Kriegerwitwen weiter erhalten würde.

Wer trotz großer Widerstände eine Rückkehr schaffte, wurde von den italienischen Behörden als heimatlos und staatenlos eingestuft. Das Reoptionsgesetz wurde erst im Februar 1948 verabschiedet, und zwar auf Grund eines Paragraphen im Vertrag von St. Germain, der eine Regelung der Staatsbürgerschaft für Optanten „im Geiste der Billigkeit und Weitherzigkeit“ vorsah.

Die Regierung Degasperi ließ in jenen Tagen zudem verlautbaren, dass alle Optanten, egal ob sie tatsächlich ausgewandert waren oder nicht, die italienische Staatsbürgerschaft verloren hätten. Außerdem, so hieß es weiter, sehe man aus italienischer Sicht keine moralische Verpflichtung, die abgewanderten Optanten zurückzuführen. Die Schuld am derzeitigen Elend der heimatlos gewordenen Südtiroler liege einzig und allein beim Dritten Reich und nicht bei Italien.

Nach einigen Jahren, inzwischen war im Juni 1946 durch Volksabstimmung an Stelle der Monarchie die Republik eingeführt worden, erhielten aber fast alle Optanten des Jahres 1939 von Italien die vollen staatsbürgerlichen Rechte. Interessanterweise durfte Südtirol an der Wahl zur Republik nicht teilnehmen. Man kann nur vermuten, dass damals die italienische Regierung selbst noch nicht genau wusste, was mit Südtirol endgültig geschehen sollte.

NACH 1945

Zunächst kreisten alle Gedanken nur ums Überleben. Die Rente, die meine Mutter bekommen sollte, ließ auf sich warten und als endlich die administrativen Hürden überwunden waren, musste von den 84 Reichsmark beinahe die Hälfte für die Miete abgezweigt werden.

Aus dieser Zeit weiß ich sehr wohl, was ein richtiges Hungergefühl ist. Unsere Verwandtschaft war ja fern, deshalb musste jedes Stück Brot in irgendeiner Form verdient werden. Meine Mutter hielt uns in diesen Tagen mit ihrer Nähkunst über Wasser. Sie schaffte es in Tag- und Nachtarbeit, für Nachbarn und Bekannte aus Militärstoffen und unpassenden Kleidungsstücken für damalige Verhältnisse schöne Dinge zu zaubern. Der Lohn dafür ließ nicht selten auf sich warten.

Ich erinnere mich noch gut an die Nachmittage, an denen ich barfuß am Abend nach getaner Arbeit beim Bauer Junginger, in der Nähe des Talhofes, auf den Lohn warten musste, den seine geizige Frau erst herausrückte, nachdem es schon dunkel wurde. Dieser Verdienst bestand aus einem großen Stück Brot mit „echter“ Butter und Marmelade. Es war klar, dass dieser Lohn nicht mir alleine gehörte. Zu Hause wurde er später mit meinen Geschwistern geteilt.

Dieses Teilen wurde für alle in der Familie zu einem Gesetz und galt auch für ein kleines Stück Schokolade, das es manchmal samstags bei der Schülerspeisung gab. Meine jüngeren Geschwister gingen ja noch nicht zur Schule.

Ab dem Herbst wurde ein Teil dieser Schokolade ohnehin aufgehoben, damit wir uns an Weihnachten darüber freuen konnten. Ein weiteres Gesetz bestand darin, dass, außer der Mutter, niemand die „Brotschublade“ aufmachen durfte.

Die Hilfspakete aus den USA waren eine echte Unterstützung für so arme Familien, wie wir sie waren, wenn auch der Stadtpfarrer Mark, der die Verteilung der Pakete leitete und meinen gefallenen Vater gut kannte, die Zigaretten vorher entnommen hatte, weil ja seiner Meinung nach in der Familie kein Bedarf vorhanden war. Er wusste aber nur zu genau, dass man mit Zigaretten fast alles bekam, sogar das Sohlen von Schuhen.

Pfarrer Mark ersetzte allerdings die Zigaretten durch ein Päckchen Maismehl, das eigenartigerweise in jedem Hilfspaket enthalten war, weil er wusste, dass meine Mutter, im Gegensatz zu vielen schwäbischen Frauen, Polenta herzustellen wusste. Und so gab es bei uns in jener Zeit Polenta in allen Variationen, z. B. mit Milch, zum Frühstück, mit Salat, geröstet, in der Suppe, süß und normal, auf dem Brot und zur Soße.

Erst über 50 Jahre später erfuhr ich, dass die Versendung von Maismehl mit den Hilfspaketen angeblich auf einen Übersetzungsfehler eines deutschen Politikers zurückzuführen war. Dieser Politiker wurde von den Amerikanern kurz nach Kriegsende gefragt, was wohl in Bezug auf Ernährung die deutsche Bevölkerung am dringendsten benötigen würde. Er antwortete: Korn, meinte aber Weizen. Corn bedeutet aber in Englisch: Mais. Wheat wäre offensichtlich die richtige Antwort gewesen.

Ende 1945 begannen vorsichtige Schulanfänge, aber erst 1946 der offizielle Schulbetrieb und mein erstes Zeugnis der Volksschule datiert vom 23. März 1947. Aus dieser Zeit stammt auch ein Foto von der Aufstellung zum Kinderfestzug in Heidenheim, die in der Grabenstraße, vor der damaligen Firma Wilderer, vorgenommen wurde. Ich gehörte damals auch zu den wenigen, die für einen solchen Festzug keine geeigneten Schuhe hatten und deshalb nur barfuß daran teilnehmen konnten. Entlassen wurde ich aus der Schule schon wieder am 21. Juli 1951, nach einer Gesamtschulzeit von nur fünf Jahren! Meine Lehre als Modellbauer begann ich im gleichen Jahr, noch keine 14 Jahre alt.

Die Währungsreform berührte unsere Familie nicht. Es muss wohl aber um diese Zeit herum gewesen sein, als meine Mutter meinem Drängen nachgab und ihr mühsam erspartes Geld für mich bzw. für eine Bahnfahrkarte nach Südtirol opferte.

Mit dem Zug ging es nach Meran zu der Schwester meines Vaters, die in Gratsch bei Meran mit ihrer Familie bei einem Bauern untergekommen war. Tante Liesel und Onkel Hans strandeten 1940 in Innsbruck und, nach den schweren Luftangriffen auf die Stadt, in Mayrhofen, im Zillertal. Alle überlebten, hatten aber nach der Reoption schwere Zeiten aus den schon erwähnten Gründen in Südtirol durchzustehen. Die Mutter meiner Tante und meines Vaters, also meine Großmutter, wohnte bei ihnen. Meine Tante und Onkel Hans, die selbst schwer zu kämpfen hatten und zu den weniger Betuchten der gesamten Verwandtschaft gehörten, nahmen mich damals nicht nur auf, sondern versuchten auch alles, um mir einen angenehmen Aufenthalt zu ermöglichen.

Meine Großmutter in Lana besuchte ich während dieser Zeit für einen Tag. Sie drückte mir hinter dem Rücken des Großvaters einige Lire in die Hand. Er, der fleißige Kirchgänger, hätte mich nicht einmal für ein paar Ferientage auf dem Hof geduldet. Inzwischen hatte ich jedoch erfahren, dass meine Großmutter und er geheiratet hatten, als meine Mutter schon auf der Welt war. Er war ihr Stiefvater. Wenn meine Mutter sich mit ihm unterhielt, so fand die Anrede nur in dem für mich ungewöhnlichen respektvollen „Ihr“ statt. Damals schwor ich mir, dass ich eines Tages mit einem schönen Volkswagen zurückkehren werde, um in seinem Hof eines seiner Hühner zu überfahren. Ich bin Jahre später nur zum Besuche meiner herzensguten Großmutter zurückgekehrt, in einem Mercedes, aber ohne ein Huhn zu überfahren.

Tante Liesel hatte einen Sohn, meinen Vetter Hans. Mit ihm sollte ich während meines ersten Besuches zwei Wochen auf einer Alm verbringen. Diese Wochen sind mir in ewiger Erinnerung geblieben.

Da war zunächst der Anmarsch von Gratsch nach Dorf Tirol zum Onkel meines Vetters, der später, in der schwierigen Zeit von 1954 bis 1969, Bürgermeister von Dorf Tirol wurde. Dort erhofften wir einigen Proviant für den weiteren Weg. Einmal mehr war es die geizige Hausfrau, die uns nur das überließ, was unter den Bäumen im Garten auf dem Boden lag. Weiter ging es am gleichen Tag, in geliehenen Schuhen, durch ein endloses Tal eine Ewigkeit bergan, bis wir ausgehungert und müde eine Alm erreichten, die für die nächsten Tage unser Zuhause sein sollte.

Da ist in tiefer Erinnerung: der winzige, kleine Raum in dem niedrigen Steinhaus mit dem einzigen glaslosen Fenster und das mit Heu bedeckte Brettergestell, auf dem die drei Hirten und wir schliefen. Bei Nacht war es kalt, es regnete auch manchmal, und die einzigen Kleider, die wir hatten, trugen wir am Leib. Eine Feuerstelle war nur im Freien vorhanden.

Ich sehe nach wie vor, wie wir die Kühe am Morgen von den Ställen, an die unser Raum angebaut war, zu den Weideplätzen trieben und wie sie am Abend gemolken wurden. Die Hirten trugen dann die Milch noch ein gutes Stück ins Tal hinunter, um sie dort anderen Trägern zu übergeben. Auch fühle ich heute noch, wie ich sehnsüchtig auf eine Abwechslung bei Tisch hoffte. Es gab Milch in Hülle und Fülle, Polenta, Mus und ganz selten ein Stück Brot mit Käse. Auch diese Tage gingen vorüber und der einige Stunden dauernde Rückmarsch bergab über Dorf Tirol nach Gratsch bescherte mir die größten Blasen meines Lebens an meinen Füßen.

Später, nicht nur während meiner vielen Geschäftsreisen auf allen Kontinenten, wo ich in den schönsten Hotels dieser Welt zu Gast war, plagte mich in meinen Träumen die Erinnerung an die armselige Zeit auf der Alm. Mehr als 50 Jahre später, als ich in Dorf Tirol meinen Urlaub mit meiner Frau verbrachte, ging ich mit ihr auf die Suche nach meiner Alm, und wir fanden sie.

Es ist die inzwischen stillgelegte Unterkaser nahe der Bockerhütte – die erst Anfang der fünfziger Jahre erbaut wurde – auf der Spronser Alm (1628 m). Der winzige Schlafraum mit dem offenen Fenster und dem Schlafgestell war noch genau in dem Zustand, wie ich ihn in Erinnerung hatte, obwohl die Alm schon vor mehr als zehn Jahren von der Gemeinde Dorf Tirol aufgegeben wurde.

Die Diskrepanz hätte größer nicht sein können! Beim Frühstück noch wurden wir in einem der schönsten Hotels in Südtirol, dem Hotel Castel in Dorf Tirol, verwöhnt und der Abend des gleichen Tages versprach Ähnliches. Dazwischen lag eine ergreifende Rückblende von über 50 Jahren in eine Zeit der Ängste und Entbehrungen, aber auch der Hoffnungen und Wünsche meiner fruhesten Jugendzeit. Dazwischen liegt aber auch mein Leben mit wunderbaren Erfahrungen und außergewöhnlichen Erfolgen sowie das Glück, dies alles in diesen Tagen bei bester Gesundheit erleben zu dürfen.

Übrigens, die Wanderung zu wiederholen, die wir damals von Gratsch übers Tiroler Kreuz, durchs Spronser Tal zur Unterkaser zurücklegten, erfordert eine gute Kondition.

Am darauf folgenden Tag besuchte ich meinen Vetter Hans in Dorf Tirol. Er holte einen guten Südtiroler Rotwein aus seinem reichhaltigen Weinkeller. Früher, ja früher, so meinten wir, da haben wir noch ab und zu eine Bergtour zusammen unternommen. Einmal – ein fast unglaublicher Zufall – trafen wir uns am Mont Blanc. Dieter, mein Schwager, Wolfram mein Freund, Hans und ich waren nach unserer Erstbesteigung des Mont Blancs beim Abstieg. Ich hörte eine mir bekannte Stimme und traf auf meinen Vetter Hans, der sich gerade mit seinen Freunden im Anstieg befand.

MEIN WEG

Meine Mutter heiratete wieder und so kamen weitere drei Schwestern und ein Bruder in die Familie. Heute sind wir also sieben Geschwister, die sich mehr oder weniger vollzählig zu Geburtstagen oder anderen Festivitäten treffen. Ich schreibe diese Zeilen zufällig am 85sten Geburtstag unserer Mutter, den sie bei guter Gesundheit mit uns heute Abend feiern wird.

Während meiner Lehre, einem Praktikum und danach versuchte ich über den zweiten Bildungsweg nachzuholen, was nachzuholen möglich war. Nach Abschluss der Maschinenbaufachschule begann ich als Ingenieur in einer großen Maschinenfabrik in Heidenheim. 1961 heiratete ich meine erste Frau Sigrid und unsere Söhne Rainer (1962) und Claus (1966) erblickten das Licht der Welt.

1964 trat ich als einer der ersten Angestellten in ein internationales Unternehmen ein. Dort erhielt ich eine solide betriebswirtschaftliche Ausbildung in den USA und in

England. Ich wuchs mit der Firma und erhielt sehr bald Führungsfunktionen zunächst in ganz Europa. Die frühe Bindung an meine erste Frau und die unterschiedlichen Entwicklungen und Interessen, nicht zuletzt aber auch mein zeitraubender Einsatz für die Firma und die übermäßige Abwesenheit von zu Hause führten zu einer Trennung. 1985 heiratete ich meine heutige Frau Rotraud, die mir großzügig die Freiheiten einräumt, die ich für meinen Beruf und die vielen anderen Interessen unbedingt benötige.

Ab 1983 wurde mir die Verantwortung für ein Unternehmen übertragen, das Produktionsstätten auf der ganzen Welt betrieb. Unsere Kunden waren die Papierindustrie und die Papiermaschinenhersteller. Bei meinen Übernahmen und Gründungen von Unternehmen in fast allen Ländern Europas lernte ich mit den unterschiedlichen Mentalitäten der verschiedenen Nationalitäten umzugehen. Die langjährige Zusammenarbeit mit den Menschen unserer Betriebe in Europa, Skandinavien, Asien, Australien sowie in Süd- und Nordamerika war für mich ein besonderer Gewinn. Aus nahe liegenden Gründen möchte ich beispielhaft meine außergewöhnlich positiven Erfahrungen mit den italienischen Unternehmen nennen, denen ich als Geschäftsführer oder Vorsitzender des Aufsichtsrates vorstand.

Das Werk in Latina (südlich von Rom) erstellten wir selbst vor vielen Jahren auf der grünen Wiese. Die Werke in Gallarate und Cardano al Campo (in der Nähe von Varese) habe ich im Namen unseres Konzerns von einem Privatbesitzer übernommen und einschneidende Maßnahmen zur Rationalisierung und Modernisierung durchgeführt. Alle drei Werke liefern seit vielen Jahren weit überdurchschnittliche Ergebnisse ab und es gab nie Streik. Die Mitarbeiter aller Betriebsstätten stellten sich sehr schnell auf Disziplin und Ordnung ein und produzierten als sichtbares Ergebnis in kürzester Zeit exzellente Qualität. Im Umfeld dieser Betätigungen habe ich viele interessante Menschen in Italien kennen und schätzen gelernt. Es sind Freundschaften entstanden, Freundschaften, die ich gerne auch in Südtirol gefunden hätte.

Das war eine kleine Reminiszenz an die Zeit zwischen meinem Abschied von Südtirol im Jahre 1940 und dem heutigen Versuch, so manche Vorgänge aus der jüngeren Geschichte des Landes zu verstehen. Das Erbe der Bewohner dieser Region ist aber geprägt von einer jahrtausendealten Geschichte und Kultur, vom Kampf mit Naturgewalten und politischen Schicksalsschlägen.

Im folgenden Teil 2, „Geschichte Südtirols", wage ich den Versuch, in möglichst kurzer Form und bezogen auf Südtirol, im Wesentlichen die geschichtlichen Ereignisse der letzten 2000 Jahre zu betrachten. Dies Betrachtungen ergeben dann mit den tragischen Geschehnissen nach dem Zweiten Weltkrieg, bis zur „Notifizierung der Streitbeendigung" im Jahre 1992, ein komplettes Bild.

ZWEITER TEIL

GESCHICHTE SÜDTIROLS

SPÄTE ALTSTEINZEIT UND MITTELSTEINZEIT

Die letzte große Eiszeit hat fast alle Spuren der Menschen getilgt, die schon von alters her die Alpen durchstreiften.

Nach dem Rückzug der großen Gletscher vor ca. 15.000 Jahren haben nachweislich die Menschen wieder die Alpenregion als Jäger und als Sammler erobert.

Auf der Seiser Alm fand man Steingeräte, aus Klausen-Säben stammen die neolithischen Bergkristalle und in der Nähe des Grödner Jochs fand man eine feste Ausgangsbasis für Jäger, die mehrere Jahrtausende benutzt wurde.

JUNGSTEINZEIT

Man kann davon ausgehen, dass schon sehr früh die bäuerlichen Kulturformen in Südtirol Einzug hielten. Die sonnigen Terrassen in der Nähe der Talsohlen boten ideale Verhältnisse für sesshaften Ackerbau und Haustierhaltung.

Eine dieser sonnigen Mittelgebirgs-Terrassen liegt bei Villanders, ein Fundort der frühesten Ackerbaukulturen des 5. und 4. Jahrtausends. In Gratsch bei Meran fand man ein spätneolithisches Steinkammergrab aus dem 4. Jahrtausend v. Chr., aus der gleichen Zeit stammt eine Lochaxt aus Schlanders.

Bei Feldthurns wurde ein Glockenbechergefäß mit fünf Pfeilspitzen aus dem 3. Jahrtausend v. Chr. ausgegraben.

KUPFERZEIT

Für diese Epoche gibt es bis jetzt noch keinen Beleg einer Kupfergewinnung im mittleren Alpenraum. Funde belegen jedoch die Verwendung dieses Metalls. Dieser Zeitraum wird auch geprägt von religiösen Entwicklungen, bei denen der Ahnen- und Götterkult eine große Rolle gespielt haben dürfte.

Die Menhire aus Südtirol, vor allem die man in Algund bei Meran gefunden hat, geben immer noch Rätsel auf. Diese Figurenmenhire, zum Teil überlebensgroß, unterscheiden sich anhand der eingemeißelten Darstellungen nach Geschlecht. Vom Hügel der berühmten Sonnenburg im Pustertal stammen wertvolle symbolische Objekte aus der Kupferzeit, die in einem eigens dafür konstruierten Behälter aus Steinplatten damals der Erde übergeben wurden.

DER MANN AUS DEM GLETSCHER
EIN SÜDTIROLER?

Nahtlos in die bisherigen Erkenntnisse fügt sich auch die Gletscher-Mumie ein, die am 19. September 1991 in den Ötztaler Alpen gefunden wurde.

Keine Ahnung von der Bedeutung unseres Aufenthaltsorts hatten meine Freunde Michael, Werner, Wolfram und ich, als wir uns 1980 in der Nähe der Fundstelle aufhielten. Werner und Wolfram kamen von den Finailköpfen, die sie mit den Schiern bestiegen hatten. Was mögen uns Schnee, Eis, Erde und Wasser – nicht nur in Südtirol – noch für Überraschungen bieten?

Zunächst glich die Entdeckung des Toten durch das Nürnberger Ehepaar Simon keiner Sensation. Sie hatten beim Abstieg von der Finailspitze den Bergsteigerpfad verlassen und entdeckten in einer mit Gletschereis und Schmelzwasser gefüllten Felsmulde eine Leiche, deren Oberkörper zum Teil aus dem Eis ragte.

Als sie die Similaunhütte erreichten, wurden von dort die Carabinieri in Schnals und die Gendarmerie in Sölden informiert.

Der Fundort der Leiche – er sollte bald eine wichtige Rolle spielen – liegt auf 3210 m Höhe, nicht weit vom Normalweg von der Similaunhütte zum Tisenjoch, in einem Gebiet also, in dem der Alpenkamm an drei Stellen überwunden werden kann: am Niederjoch, am Tisenjoch und am Hauslabjoch. In diesem Bereich trieben und treiben heute noch die Bauern aus dem Schnalstal ihre Schafe auf die Almen ins Ötztal.

Die Wissenschaftler sind der Ansicht, dass beim Tod des Mannes in der Felsmulde ähnliche klimatische Verhältnisse wie heute geherrscht haben.

Am Tag der Entdeckung setzte auch die Bergung ein, allerdings brachte man zu diesem Zeitpunkt das Opfer noch in Verbindung mit einem Bergunfall im 20. Jahrhundert. Durch die Fundstücke in der Nähe der Leiche und durch die zufällige Anwesenheit von Hans Kammerlander und Reinhold Messner, zwei Tage nach dem Fund, verstärkte sich die Vermutung, dass die Leiche auch schon mehrere hundert Jahre dort liegen könnte.

Am 23. September wurde die offizielle Bergung der Leiche unter der Leitung von Prof. Henn vom Institut für gerichtliche Medizin der Universität Innsbruck und im Beisein eines ORF-Teams vorgenommen. Der Leichnam wurde nach

Innsbruck gebracht. Dort wurde die Mumie – nicht zuletzt auf Grund der Fundstücke – zunächst der Frühen Bronzezeit zugerechnet.

Zunächst stand jedoch der Fundort im Mittelpunkt der Diskussion. Italien oder Österreich? Der Staatsvertrag von St. Germain, 1919, sah die Grenze entlang der Wasserscheide zwischen Inn- und Etschtal. Die Fundstelle befand sich auf einem Gebiet, das zum Inn hin entwässert wird.

Man nahm eine amtliche Neuvermessung vor und kam zu dem Ergebnis, dass der Fundort 92,56 m von der Staatsgrenze entfernt auf Südtiroler Boden liegt.

Einmalig in der Geschichte der Medizin und der Archäologie, begannen nun die Untersuchungen an einer in das 4. Jahrtausend v. Chr. datierten Leiche.

Die Körpergröße wurde auf 1,59 m festgelegt. Seine Haarfarbe war Dunkelbraun bis Schwarz. Das Gebiss war vollkommen kariesfrei, obwohl die Zähne auf Grund des Verzehrs von Getreidenahrung einen hohen Abnutzungsgrad aufwiesen.

Untersuchungen des Fingernagels ergaben, dass er vor seinem Tod großen Stresssituationen ausgesetzt war. Außerdem wies er eine relativ starke Gefäßverkalkung auf.

Die vielen Tätowierungen am Körper in Form von Strichbündeln oder Kreuzen – zunächst mit Brandmalen in Verbindung gebracht – dürften therapeutischen Zwecken zugeschrieben werden. Die Tätowierungen konzentrierten sich auch auf die Bereiche der Gelenke und Lendenwirbel. Diese wiesen auch starke Verschleißerscheinungen auf. Er hatte sich offensichtlich schmerzlindernden Behandlungen unterzogen.

Zunächst ging man davon aus, dass er den Kältetod erlitten hat. Im Jahr 2001 fand man bei erneut durchgeführten Röntgenuntersuchungen eine Pfeilspitze unter seiner linken Schulter. Diese Verwundung könnte auch den Tod herbeigeführt haben. Vielleicht wurde er schon vor dem Eintreffen an seinem Todesort von einem Pfeil getroffen.

Diverse Untersuchungen in den verschiedensten Laboratorien dieser Welt ergaben fast gleiche Ergebnisse. Der Mann aus dem Eis hat um 3350 bis 3100 v. Chr. gelebt.

Als er in das Schnalstal zog, trug er ein Obergewand aus Fellteilen einer Hausziege, die Behaarung nach außen tragend. Ebenfalls aus dem Fell einer Hausziege war der rohrartige Beinschutz, nach unten verjüngt, mit einer Lasche aus Hirschfell zur Befestigung am Schuhwerk, oben mit einem Riemen, ebenfalls zum Festknoten. In dem auf seinen Gürtel aus Kalbsleder aufgesetzten Ledertäschchen fand man neben Silexklingen und Silexbohrern auch einen Zunderschwamm zum Entfachen von Feuer.

Beim Schuh bestand die Sohle aus dem Pelzleder des Braunbären, während das Oberleder – mit den Haaren nach außen getragen – aus Hirschfell bestand. Das Leder war auf einem aus Grasschnüren geflochtenen Netz befestigt. Als Kälteschutz wurde in den Schuh Heu gestopft. Seinen Grasmantel trug er über der Pelzkleidung.

Der durch den Fund gewonnene Einblick in die Alltagskleidung und Ausrüstung war überwältigend. Wie wir erfahren durften, setzte sich die Kleidung unseres Mannes aus Mütze, Oberbekleidung, Beinkleidung, Lendenschurz, Schuhen sowie einem Mantel zusammen. Es gab offensichtlich keine gewebten Stoffe. Die Fäden bestanden zum Teil aus Tiersehnen, aber auch aus pflanzlichem Material, wie z. B. aus Gräsern.

Als er vor seinem Tod die Felsmulde betrat, war er vollständig bekleidet. Seine Ausrüstungsgegenstände legte er in der Nähe ab. Bei den Gegenständen, die er bei sich trug, fällt ganz besonders das Beil auf, das er mit sich trug und das er zusammen mit seinem Bogen offensichtlich in der Nähe ablegte.

Das Beil selbst besteht aus Kupfer, der Schaft aus Eibenholz. Die Befestigung des Beils am Schaft wurde mit Birkenteer fixiert und mit Lederstreifen umwickelt. Dieses Beil ist zur Zeit das einzige vollständig erhaltene vorgeschichtliche Exemplar. Der wahrscheinlich in Bearbeitung befindliche Bogen aus Eibenholz hat eine Dimension von 1,82 m.

Der vollständig erhaltene Köcher aus dem Fell einer Gemse enthielt zwei schussbereite Pfeile und zwölf Rohschäfte, die aus den Ästen des wolligen Schneeballs gefertigt wurden. Die Pfeilspitzen waren aus Silex. Die Klinge des bei ihm gefundenen Dolches war aus Feuerstein, der Griff aus Eibenholz. Er befand sich in einer Scheide aus Bast. Ein aus Grasschnüren gefertigtes Netz diente vermutlich zum Vogelfang.

Die Rückentrage bestand aus Haselstock und Lärchenholz. Überhaupt fasziniert gerade aus heutiger Sicht die Kenntnis eines solchen Mannes der natürlichen Ressourcen. So führte er 18 verschiedene Holzarten mit sich. Ein Gefäß aus Birkenrinde lässt unter anderem die Funktion als Glutbehälter vermuten. Die darin gefundenen Blätter des frisch geernteten Spitzahorns schlossen Partikel von Holzkohle ein und lassen deshalb den Schluss als Isoliermaterial zu.

Die mitgeführten Birkenporlinge waren auf zwei Fellstreifen aufgefädelt und an der Kleidung befestigt. Diese „Medizin" wirkte blutstillend und desinfizierend. Die wenigen Nahrungsmittel, die man bei ihm fand – eine Schlehfrucht und zwei Getreidekörner – lassen dennoch den Schluss zu, dass der Mann schon im Kontakt mit der Ackerbau treibenden Bevölkerung im Tal stand. Die Untersuchung seines Mageninhaltes ergab, dass seine letzte Mahlzeit aus Fleisch, einem Brei aus Einkorn und unbestimmten Pflanzen bestanden haben muss.

Eine große Aussagekraft lieferten die nachgewiesenen Pollen. Es konnten sehr viel Baumpollen und nur wenige Pflanzenpollen nachgewiesen werden (Gänsefuß, Wegerich, Hopfenbuche, Haselnuss, Fichte). Die Pollen der Hopfenbuche kommen nur südlich der Alpen, z. B. im Vinschgau, vor. Der Verdauungsgrad der Speisen lässt den Schluss zu, dass sich unser Mann aus dem Eis noch zwölf Stunden vor seinem Tod im Vinschgau aufgehalten hat.

Die bisherigen Erkenntnisse lassen immer noch die Frage nach der kulturellen Herkunft des Mannes offen. Eine Möglichkeit wäre, ihn der am Südalpenrand und in den Lombardischen Alpen beheimateten Remedello-Kultur zuzuordnen. Das Beil vom Tisenjoch ist vergleichbar mit denen in den Grabfeldern von Remedello bei Brescia gefundenen. Auch der Feuersteindolch deutet auf eine enge Verwandtschaft hin.

Bei diesen Überlegungen kommen wir wieder auf die früher erwähnten Statuenmenhire zurück. Auf jenen befinden sich bildliche Darstellungen wie Dolche, Pfeile und Beile, die ganz klar mit jenem Beil, das der Mann aus dem Eis trug, in Verbindung gebracht werden können.

Er kann auf Grund seines Besitzes, den er mit sich trug, Herdenbesitzer, Jäger oder Erzsucher gewesen sein. Eine ganze Reihe von Indizien sprechen dafür, dass sich der Lebensraum des Mannes im Vinschgau befand. Die Grabungen auf dem Burghügel von Schloss Juval beweisen ohnehin neolithische und bronzezeitliche Vergangenheit.

BRONZEZEIT

Auch im 2. Jahrtausend dominierte im Leben der Menschen in den Alpen die Landwirtschaft. Selbst hoch gelegene Gebirgsregionen wurden im Sommer als Weideland genutzt. In den Bergen wurde aber jetzt auch Kupfer abgebaut. Der dabei notwendige Bedarf an Brennholz hatte eine enorme Abholzung zur Folge.

Die einmalige Ausgrabung der Kupferschmelzöfen von Fennberg zeigt uns, wie die Technik vor 3400 Jahren angewandt wurde. Zur selben Zeit kommt auch eine neue Religiosität auf. Zahlreiche Brandopferplätze auf Berggipfeln zeugen von der religiösen Bedeutung des Himmels und der Berge als Sitz der Götter. Als Beispiel ist die Burgstallkanzel auf dem Schlern zu nennen.

EISENZEIT

Aus den antiken Quellen – seit etwa 300 v. Chr. – lässt sich eine stammespolitische und kulturelle Einheit südlich und nördlich des Brenners nachweisen. Die Räter bevölkerten den Alpenraum, umgeben von Venetern und Kelten.

Dem Aufschwung der rätischen Kultur liegen Kontakte mit den Etruskern zu Grunde. Ausgangspunkt des Austausches waren die neu entstandenen etruskisch-griechischen Warenumschlagsplätze in der Po-Ebene und an der adriatischen Küste.

Nach etruskischem Vorbild wurde nun erstmals die Schrift eingeführt. Allerdings sind die auf dauerhaften Schriftträgern wie Stein, Knochen und Bronze überlieferten Inschriften der Räter nach wie vor nicht zweifelsfrei übersetzt.

Südlich von Pfatten an der Etsch finden wir in den Grabbeigaben echtes und imitiertes Formengut, was nicht nur beweist, dass die Etsch als Wasserstraße zwischen der Po-Ebene und den Alpenübergängen eine wichtige Funktion hatte, sondern dass hier auch ein Anlegeplatz war, der zur Entstehung dieser bedeutenden Siedlung in der Spätbronze- und besonders in der Eisenzeit wesentlichen Anteil hatte.

Zwischen dem Verlauf der Etsch und dem Friaul entwickelte sich in den ersten Jahrtausenden v. Chr. eine eigenständige Hausbauweise mit halbtiefem Kellergeschoß und einem darüber liegenden Wohngeschoß mit Feuerstelle und Rauchabzug.

Ab ca. 600 v. Chr. verehrte man in den Alpentälern Gottheiten in Menschengestalt. Das so genannte Heiligtum von St. Walburg im Ultental (6.–2. Jh. v. Chr.) mit seinen steinernen Altären und den aus Lehm bestehenden Opferplattformen erinnert an Heiligtümer in Mittelitalien.

STAMMVÖLKER SÜDTIROLS

Die Römer erwähnten in dem Gebiet, das später den Namen Südtirol bekommen sollte, Stämme wie Tridentini (um Trient), die Anauni (am Nonsberg), die Venostes (Vinschgau), die Saevates und die Ambidraven (Pustertal).

Bestimmte Quellen ordnen diese Stämme den Illyrern zu, die sich als selbständiger Zweig der indogermanischen Völkerfamilie vom südöstlichen Europa in den Alpen verbreitet haben.

Andere römische Autoren berichten im ersten Jahrhundert nach Christus, dass die Räter (manchmal auch Rasener genannt), die nördlich von Verona leben, eine Sprache haben, die der etruskischen gleicht, die in Mittelitalien gesprochen wird. Tatsächlich gab es einige Funde mit etruskischen Schriftzeichen und teilweise keltischen Namen. Die Kelten waren ja schon 500 v. Chr. bis in das Etschtal vorgedrungen.

Die Römer – und später die christliche Kirche – sind dafür verantwortlich, dass die in Rätien lebenden Stämme die lateinische Umgangssprache angenommen haben. So entstand die rätoromanische Sprache. In Südtirol wird diese Sprache Ladinisch genannt. 20.000 Südtiroler, vorwiegend in den Tälern Gröden, Enneberg, Buchenstein, Fassa und Ampezzo, sprechen diese Sprache noch. Sie ist die dritte Amtssprache neben Deutsch und Italienisch.

Es gibt Vermutungen, dass nach der Herrschaft der Ostgoten und ihrer Vertreibung aus Oberitalien sich auf deren Rückzug viele im Etschtal niedergelassen haben und dort den ersten Samen der deutschen Sprache gepflanzt haben.

Sichere Erkenntnisse aber gibt es über das Eindringen des germanischen Stammes der Bayern (Baiwaren, Bajuwaren) von Norden. Der Rückzug der Ostgoten und der Byzantiner aus Italien hat ohne Zweifel das Eindringen von Norden her gefördert.

Die vermutlich von den Markomannen und Quaden abstammenden Bajuwaren herrschten um 500 n. Chr. über ein Gebiet, das vom Böhmerwald bis an den Alpenrand und von der Enns bis an den Lech reichte. Von Regensburg aus wurde dieses Herzogtum regiert. Sie wurden immer als eigener Volksstamm angesehen und später auch unter dem Namen „Noriker" aufgeführt.

Die Markomannen, als so genannte Westgermanen, sind verwandt mit den Sueben und damit mit den Alemannen oder besser gesagt Schwaben. Dieser Stamm besiedelte das Gebiet vom Lech bis zu den Vogesen und auch Teile der Alpen.

Dokumente aus dem 8. und 9. Jahrhundert beweisen, dass Adelige und Stifte aus dem bayrischen Flachland schon Güter im Puster-, Eisack- und Etschtal besaßen. Es ist anzunehmen, dass dadurch auch Bauern, Verwalter etc. aus Bayern nach Südtirol kamen.

ENTWICKLUNG DER SPRACHE IN SÜDTIROL

Zwischen dem 6. und 11. Jahrhundert wird in Südtirol das Althochdeutsche gesprochen. Arbeo, in Mais bei Meran geboren, 760 wurde er Bischof von Freising, verfasste das älteste bekannte und wahrscheinlich erste deutsch-lateinische Wörterbuch. Darüber wird später noch zu berichten sein.

Die Urkunden wurden vom 8. bis zum 13. Jahrhundert immer in lateinischer Sprache verfasst. Am Ende dieses Zeitraumes wurden öfters deutsche Erklärungen den lateinischen Urkunden beigefügt.

Ab dem 15. Jahrhundert taucht auch schon der Begriff „welsch“ oder „italianische Sprache“ auf. Ab dem 16. Jahrhundert verstand man unter „Welsche“ die im südlichen Teil vom späteren Südtirol lebenden Einwohner, die auch diese Sprache benützten.

In der zweiten Hälfte des 13. Jahrhunderts werden in Südtirol die ersten Urkunden in deutscher Sprache verfasst. Der Gebrauch der lateinischen Sprache in Urkunden, ausgenommen sind Urkunden mit religiösem Inhalt, hörte spätestens im 14. Jahrhundert in Südtirol ganz auf.

1327 bezeichnete das Hofgericht zu Bozen Deutsch als übliche Sprache. 1394 wird bei einem Gericht zu Glurns die deutsche und die welsche (damals sicher die rätoromanische) Sprache für gleichberechtigt erklärt. Im Gebiet um Trient hielt sich viel länger die lateinische Sprache als im restlichen Südtirol. Im Gegenteil, im 16. Jahrhundert bürgerte sich die italienische Sprache für den amtlichen Gebrauch dort ein.

DIE RÖMERZEIT

Wirtschaftlich gesehen war das Gebirgsland für die Römer mehr oder weniger uninteressant. Nach der Eroberung des Alpenraumes und der Gebiete bis Rhein und Donau wurde der mittlere Alpenraum zum Durchzugsland zwischen Süd und Nord degradiert.

Dieses Alpengebiet wird von den Römern zunächst auf die Region Venetien und Istrien (Venetia et Histria) sowie auf die zwei Provinzen Rätien und Norikum (Raetia et Vindelicum, Noricum) aufgeteilt. Die Alpentäler selbst lagen abseits der politischen und wirtschaftlichen Zentren von Trient (Tridentinum), Augsburg (Augusta Vindelicorum) und Klagenfurt (Virunum).

Die vorausgegangene Eroberung ging von Trient aus. Kaiser Augustus schickte (15 v. Chr.) seine beiden Stiefsöhne Drusus und Tiberius mit einem erfahrenen Kriegsheer gegen die Räter und Vindelizier.

Drusus kam über Trient durch das Etschtal bis nach Salurn. Mit aller Macht stemmten sich die Venosten und die Isarken den Römern entgegen, aber schon näherte sich ein weiteres Heer des Drusus, das er durchs Nonstal und über den Mendelpass schickte und damit den Alpenvölkern in die Flanken fiel.

Nach dem endgültigen Sieg bei Bozen ließ Drusus dort eine Brücke über den Eisack bauen, die den Namen Pons Drusi erhielt. Bozen hat also schon damals existiert und könnte, wie viele große Namen auch, auf eine 2000-jährige Geschichte zurückblicken. Die Anfänge verlieren sich aber in der geheimnisvollen keltischen und römischen Vergangenheit.

Tiberius kam mittlerweile aus Helvetien angerückt. Er hatte auch Vindelizien erobert. Als Vindelizier bezeichnete man im Altertum die Bewohner der Ebene nördlich der Alpen zwischen Iller und Inn bis zur Donau. Es handelte sich vorwiegend um keltische Stämme, deren Gebiet zur Provinz Rätien fiel. Der Volksname Vindelizier verschwand damit.

Die Streitkräfte des Tiberius vereinten sich mit denen seines Bruders und in der Folgezeit wurden alle Bergvölker Rätiens besiegt. Um Aufstände zu verhindern, wurden sogleich möglichst viele waffenfähige Männer des ganzen Alpenraumes den römischen Legionen zugeteilt und in alle Welt versandt.

Auf Veranlassung von Kaiser Augustus wurde in Rom 7 v. Chr. das „Tropaeum Alpium", ein Denkmal des Sieges über die Alpenvölker, errichtet.

Alle Besiegten wurden erwähnt: Die Brigantes und Brixentes (Bergbewohner um Bregenz und im Brixental), die Consuanetes, Senones und Licates (Samnaun und Lechtal), die Vennones oder Venostes (Engadin und Vinschgau bis Meran), die Sarunetes (um Sarntal und Vöran), die Flamonienses (um Fleims), die Cimbri (um Zimmern), die Tridentini (um Trient), die Anaunienses (am Nonsberg), die Alutrienses (im Ledrotal), die Euganaei und Stoni (Valsugana und um Stenico), die Hisarci am Isarcus (Eisack mit Säben), die Ambi-Dravi (Drau im Pustertal), die Genauni um Vipitenum (um Sterzing), die Brenni (um Matrei und Wilten), die Sevaces (um Schwaz), die Ambi-Zilli (Zillertal) und die Halauni (unterstes Zillertal bis Hallein).

Die neu geschaffene Provinz Rätien ließ Augustus nicht wie andere eroberte Gebiete von einem Prokurator oder einem Prokonsul verwalten. Rätien wurde Italien, also dem herrschenden Mutterland der Römer, zugeschlagen. Die ersten (6 v. Chr.) römischen Niederlassungen entstanden.

Verona wurde zur Pflanz- und Münzstadt mit eigener Gerichtsbarkeit erhoben. Zur gleichen Zeit entstand die kaiserliche Provinzialhauptstadt „Augusta Vindelicorum", unser heutiges Augsburg.

In Rätien entstanden römische Ansiedlungen und feste Lagerplätze für die Besatzungen in Trient (Tridentum), eine Pflanzstadt in Mais/Meran (Maja) sowie Tirol (Teriolis), Matrei (Matrejum), Säben im Eisacktal (Sabiona) und Bregenz (Brigantium).

Fast alles (Gesetze, Gerichtsbarkeit, Steuer, Mautwesen, Marktordnung, ja sogar die Sprache) wurde jetzt römisch. Die Abgaben wurden mäßig erhoben und man ließ auch alte Gebräuche im Volke weiterleben. Somit gewannen die Römer vielerorts sogar die Zuneigung des Volkes.

Kaiser Claudius verlieh sogar schon 49 n. Chr. den Anaunern am Nonsberg das Bürgerrecht. Kaiser Caracalla dehnte dies 212 n. Chr. auf alle freien Einwohner und Provinzen aus.

Einmalig, nicht nur für jene Zeit, waren die Straßenbauten der Römer. Augustus ließ Drusus eine Heerstraße beginnen, die zunächst von Verona nach Augsburg führen und später von seinem Sohn, Kaiser Claudius, ausgebaut und vollendet werden sollte: die Via Claudia.

Als Ausgangspunkt für die Via Claudia wählte der Kaiser den Ort Altinum, heute ein kleines Dorf bei Venedig, das in der Antike ein wichtiger Hafen war. Von dort führte eine breite Pflasterstraße schnurgerade nach Norden.

Auf ihrem Weg zur Donau, vorbei an Trient, Bozen und Meran, zog sie sich durch den Vinschgau, über die Höhe des Reschenpasses, hinunter in das Inntal über Fließ und Landeck bis nach Imst und in das Gurgltal. Weiter ging es über den Fernpass nach Füssen und von dort durch das

Lechtal bis Augsburg. Damit wurde eine Nord-Süd-Verbindung „vom Po zur Donau“ geschaffen, die den Römern einen schwungvollen Waren- und Kulturaustausch ermöglichte.

In Feltre erfahren wir durch einen Meilenstein und dessen Inschrift, neben einem Teil der alten Straße: „Kaiser Claudius, Sohn des Drusus, hat die Via Claudia Augusta, die sein Vater Drusus im Alpenkrieg geöffnet hat, gebaut, von Altinum zum Donaufluss, 350 Meilen lang“.

Auch der vor wenigen Jahrzehnten in Mals als Fragment geborgene Venuskopf bezeugt die Bedeutung der Via Claudia.

Sebatum, bei St. Lorenzen im Pustertal, war eine bedeutende Siedlung vorrömischen Ursprungs, wie die Ausgrabungen zeigen. Auch dort wiesen alle Einrichtungen, die ausgegraben wurden, auf eine später wichtige römische Durchgangsstraße hin.

Mit dem Einfluss der Römer unter Kaiser Augustus ging auch die kulturelle Kraft der noch überwiegend alpinen rätischen Bevölkerung in Südtirol verloren. Ja, die schonende Behandlung der Alpenvölker durch die Römer als Grenzhüter gegen Norden und viele gute Einrichtungen ließen die Räter bald ihre ehemalige Freiheit vergessen. Selbst die Mundart der tusko-keltischen Bewohner wurde romanisiert. Gleichzeitig waren auch neue und alte Götter in den Alpentälern gegenwärtig. So z. B. Jupiter, Mars, Merkur oder Saturn.

Es wirkte sich nun auch die neu geschaffene Provinzzugehörigkeit nebst den errichteten Verwaltungszentren zwischen Italien, Norikum und Rätien vielfältig aus. In den unterschiedlichen Beigaben zu den Gräbern lässt sich das beweisen. Bis 200 n. Chr. unterscheiden sich die Beigabesitten und Trachten der Menschen im tridentinischen Etschtal (Neumarkt) deutlich von jenen des zum Norikum gehörenden Eisacktal (Tiers und Völs).

Das Verwaltungspersonal, das an den Straßen und Grenzen Zölle erhob und für Sicherheit sorgte, kam aus allen Teilen des großrömischen Reiches. Dadurch kam im 3. Jh. n. Chr. der persisch-syrische Mithraskult in die Alpen. Anhänger dieses Kultes waren überwiegend römische Beamte oder Soldaten orientalischer Herkunft.

Der bekannteste Mithrasstein wurde bereits 1559 in der Umgebung von Mauls im unteren Wipptal gefunden. Zwischen Mauls und Franzensfeste verlief im 3. Jahrhundert die Grenze zwischen Norikum und Rätien.

Kaiser Konstantin erklärte 325 das Christentum zur Staatsreligion. Die Anfänge der bischöflichen Kirche in Säben gehen wohl auf diese Zeit zurück. Erste christliche Glaubensboten tauchten im 2. Jahrhundert in Rätien auf.

Ein solcher war Lucius zu Chur. Er kam aus Britannien. In der Gegend von St. Gallen baute er die erste Kapelle. Gegen großen Widerstand predigte er in Graubünden, Engadin und im Vinschgau und wurde, obwohl zum Bischof geweiht, am 3. Dezember 182 zu Tode gesteinigt.

Ende des 3. Jh.s kam der hl. Kassian nach Säben (Sabiona) im Eisacktal. Seine Unterweisung der Bürger des schon damals ansehnlichen Ortes in Glaubensfragen führte plötzlich zu einer Verfolgung durch heidnische Horden.

Er wurde nach Imola, in seine Heimat, ausgeliefert und konnte dort als Lehrer – allerdings nur für kurze Zeit – seine Botschaft weiter verkünden, bis er auf Befehl des Stadt-Präfekten von seinen eigenen Schülern zu Tode gemartert wurde.

Der älteste Bischofssitz in Tirol ist jener zu Trient, wo bis zum Jahre 388 n. Chr. schon mehrere aufeinander folgende Bischöfe gezählt wurden.

Einer war der hl. Vigilius, ein Römer, der nach dem Studium der Wissenschaften in Athen schon in jungen Jahren in Trient zur bischöflichen Würde gelangte. Er bekehrte die Menschen um Verona und Brescia und errichtete viele Kirchen.

Durch die Völkerwanderung flüchteten viele Menschen aus den Donauländern und aus Oberitalien in die Alpen und beschleunigten die Romanisierung Rätiens. Die Ausbreitung der germanischen Völker nach Süden und Westen zeichnete sich während dieser Zeit schon ab.

DIE ALEMANNEN

Ein Stamm der im Südwesten von Deutschland beheimateten Alemannen, die Juthungen, drangen erstmals 267 n. Chr. bis Ravenna vor. Natürlich benutzten sie die üblichen Wege und Felsenpforten durch Tirol und hinterließen dabei grausame Spuren. Sie wurden von Kaiser Claudius II. am Gardasee zunächst einmal geschlagen.

Die Einfälle wiederholten sich 100 Jahre lang immer wieder, bis der römische Feldherr und spätere Kaiser Theodosius 370 n. Chr. einen endgültigen Sieg über sie errang und viele von ihnen als Bauern in den Feldern am Po für den Rest ihres Lebens arbeiten ließ.

Nach einigen Jahren Ruhe und Frieden zeichneten sich die ersten Spuren der einsetzenden germanischen Völkerwanderung ab, die mit dem Jahre 375 n. Chr. ihren Anfang nahm. Germanische Volksstämme, unter ihnen die Alanen, Sueven und Vandalen, geführt von ihrem König Gunderich, drangen 407 n. Chr., alles verwüstend, durch Gallien bis nach Spanien und einige von ihnen sogar bis nach Afrika vor. Der Sohn von König Gunderich, Genserich, überfiel sogar Rom, von Afrika aus, im Jahre 455 n. Chr. und plünderte es aus.

Die germanischen Westgoten unter Alarich zogen unterdessen verheerend über Griechenland, Italien und 409 n. Chr. sogar nach Rom, wo sie angeblich einen Teil in Schutt und Asche legten.

Aber es gab nicht nur eine germanische Völkerwanderung. Eine große Welle kam auch aus Asien. Tataren und Mongolen unterwarfen ihre Nachbarn, rissen sie mit sich fort oder trieben sie vor sich her in Richtung Westen.

Attila, König der Hunnen, der sich selbst die Geißel Gottes nannte, hatte sich auf seinem grausamen Weg nach Ungarn schon unzähliger Völker bemächtigt und viele von ihnen im Gefolge mitgenommen, darunter sogar germanische Stämme. Nicht nur in Italien wütete er barbarisch und zerstörte viel Städte, die er – nicht ganz zu Unrecht – Lasterhöhlen nannte.

Als er auf Rom zumarschierte, ging ihm Papst Leo I. entgegen und bat um Gnade und Schonung, und das Unglaubliche geschah: Er lenkte seine Horden nach Ungarn zurück. Dort heiratete er und verstarb kurz darauf.

Die germanischen Hauptvölker erschienen schon lange davor unter anderen Namen: Die Alemannen, ein Bund mehrerer verwandter Stämme, die im westlichen Schwaben und am Rhein bis nach Franken saßen. Die Franken, ebenfalls ein Bund germanischer Stämme, erscheinen zuerst unter diesem Namen 250 n. Chr. Zu ihnen gehörten die Salier, Chamaven, Bruktrer, Cherusker, Hessen, Sigrambrer, die manchmal den Galliern, dann wieder den Römern als Feinde gegenüber oder als Bundesgenossen zur Verfügung standen. Am Anfang des 5. Jahrhunderts setzten sie sich auf dem linken Rheinufer fest und begründeten das nach ihnen benannte Frankreich.

DIE GOTEN

Die Westgoten errichteten ihr Reich im südlichen Gallien und Spanien. Die Ostgoten, teils von den Hunnen bedrängt, teils von ihnen dienstbar gemacht, besiegten in Niederösterreich und Ungarn zwei Jahre nach Attilas Tod die Hunnen selbst.

Die Aufteilung des römischen Reiches durch Kaiser Theodosius 395 n. Chr. in das morgenländische (griechische) und das westliche (lateinische) war der Anfang vom Ende der Römerherrschaft. Er musste, mangels eigener zuverlässiger Krieger, oftmals fremde in Sold nehmen. Selbst in unserem Rätien, wie z. B. in Teriolis (Tirol), bestanden die römischen Besatzungstruppen viele Jahre aus germanischen Miettruppen (Markomannen und Quaden). Nicht selten mussten dann solche Söldner, also Germanen gegen Germanen, gegen ihre eigenen Landsleute kämpfen.

Der erste, der als Germane den letzten römischen Kaiser Romulus Augustulus 476 vom Thron stürzte, war Odoaker, ein Skyre, der in römische Kriegsdienste getreten und Oberster der kaiserlichen Leibwache geworden war. Damals bestand die kaiserliche Leibwache aus germanischen Landsleuten (Skyrer, Heruler usw.). Vor der Übernahme der Kaiserkrone sammelte er in Südgermanien ein gemischtes Heer aus Ostgoten, Rugiern und Herulern und zog, begleitet von vielen Verwüstungen (Salzburg), auch durch unser heutiges Tirol.

Jetzt kam Rätien zum ersten Mal unter germanische Herrschaft. Dabei wurden nicht nur die römischen Gesetze, sondern auch die alten Beamtenstrukturen beibehalten. Den „dritten Teil der Ländereien“ vermachte Odoaker seinen Kriegsmännern.

Er schenkte damit seinen Soldtruppen das, was ihm zuvor sein Kaiser und vor allem dessen Vater und Minister Orestes stets verweigert hatte.

Die Macht Odoakers wurde jedoch bald von einem anderen germanischen Führer gebrochen. Theodorich, Sohn des Königs der Ostgoten Theudemir, schlug in mehreren Schlachten in Italien Odoaker, stürzte ihn 493 n. Chr. vom Thron und regierte als „König der Goten“ und Reichsverweser von Italien und den dazugehörigen Provinzen, also auch Rätien und Norikum, von Neapel bis an die Donau.

Die Noriker waren ebenfalls keltischen Ursprungs und im späteren Kärnten angesiedelt. Nach ihnen erhielt das ganze östliche Alpengebiet nordwärts bis zur Donau den Namen Norikum.

Seine Residenz schlug Theodorich nicht mehr in Rom, sondern in Ravenna und teils in Verona auf. Die Herrschaft Roms war damit zu Ende. Von den Landsleuten wurde er Dietrich von Bern, d. h. von Verona, genannt.

Er behielt die römische Verfassung bei und sorgte dafür, dass seine Soldaten, fast alles Goten und deren Stammverwandten, mit ihren Familien Grundstücke bekamen. Sie waren in diesem Ausmaß sicherlich die ersten „Deutschen“, die in Tirol eigenen Grund und Boden besaßen.

Über beide Rätien bestellte er einen Herzog, welcher von Trient aus regierte und dafür Sorge zu tragen hatte, dass durch diese Provinzen das gotisch-italische Reich vor anderen germanischen Stämmen, die immer wieder durch die Täler Tirols in Italien einzubrechen drohten, beschützt wurde.

Diese Sicherheit war nur durch eine große Anzahl von gotischen Kriegsleuten möglich, die einem Befehl von ihm zufolge „die Kriegsleute in Frieden regieren, die Grenzen des Landes mit ihnen fleißig umziehen und sorgfältig bewachen, zugleich aber auch gute Manneszucht halten soll, damit der Kriegsmann nach den bürgerlichen Rechten mit dem Landmanne lebe, und dass sein Sinn nicht übermütig werde, weil er sich bewaffnet fühle".

Theodorich regierte mit milder Hand in seinen romanischen Ländern. Es ist auch anzunehmen, dass er es war, der zur Sicherung am Brenner eine gotische Kolonie anlegen ließ und dass der Hauptsitz das heutige Gossensass (Gotensitz) war.

Er war es auch, der die Stadt Trient wieder mit Mauern umgab. Nicht nur durch die Stationierung von gotischen Besatzungen um Trient wurde das nun dominierende gotische Element in Tirol überall spürbar.

Aber auch alemannische Stämme nahm Theodorich in einem Teil von Rätien auf. Nach dem Sieg des Frankenkönigs Klodwig über die Alemannen bei Zülpich und seinem damit durch ein Gelübde verbundenen Übertritt zur christlichen Religion wollten viele Alemannen, damals noch keine Christen, nicht unter Klodwigs Herrschaft verbleiben.

Theodorich erwirkte bei Klodwig die Entlassung ganzer Stämme und siedelte sie in seinem gotisch-römischen Reich, in Vindelicien, an. Einen großen Teil also im heutigen Schwabenland, zum Teil aber auch in Vorarlberg und Tirol.

Nach dem Tod von Theodorich, 526 n. Chr., versuchte der griechische Kaiser Justinian mit Hilfe der Franken den Goten Italien zu entreißen. Wittig, jetzt König der Goten, mußte 536 n. Chr., um die Verbindung zwischen den Griechen und den Franken zu verhindern, einen Teil seines Reiches an die Franken abtreten.

Dazu gehörte ein großer Teil des heutigen Oberitaliens und der ganze „alemannische Teil von Rätien“, das war damals das westliche Rätien mit Chur. In dieser Zeit dürfte auch der Vinschgau mit Chur diesen Weg zwangsweise mitgegangen sein.

DIE LANGOBARDEN

So wurde nun Vorarlberg und ein Teil vom angrenzenden Tirol, wie das Oberinntal, der Vinschgau und ein Teil des Etschlandes, fränkisch. Natürlich ließen sich jetzt auch viele Franken in diesen Gebieten nieder.

Italien fiel dann doch an den Kaiser von Ostrom (Byzanz), der von Ravenna aus regierte. Daher kam ein Teil von Tirol nun unter diese Herrschaft.

Dieser Einfluss dauerte nur 15 Jahre. Die Langobarden erkämpften sich 569 n. Chr. die Macht in Italien. Aus dem Norden kommend ließen sie sich zunächst an der Donau nieder, eroberten Ungarn (Pannonien) und brachen 563 n. Chr., mit einer großen Zahl von Sachsen verstärkt, nach Italien auf und eroberten eine Stadt nach der anderen.

Nun war plötzlich der südliche Teil von Tirol bis an die mittlerweile entstandene bayrische Grenze im Norden langobardisch. 573 n. Chr. wurde Trient langobardisches Herzogtum. Auf den Burgen und Festungen zogen langobardische Grafen und Hauptleute ein. Anstelle der römischen Einrichtungen und Verwaltungen traten zunächst die ungeschriebenen Gesetze und Gewohnheiten der Langobarden. Erst König Rothar, der 636 den Thron bestieg, ließ die Überlieferungen der Vorfahren in einem eigenen Gesetzbuch zusammentragen.

Demnach galt die Todesstrafe nur für die unauslöschlichen Verbrechen. Dazu gehörten der Landesverrat und die Auflehnung gegen den Feldherrn. Eine ertappte Ehebrecherin durfte von ihrem Mann getötet werden. Heiratete eine Freie ihren leibeigenen Knecht, so durften beide von ihrem Vormund getötet werden. Sonst konnte fast jede Übeltat durch Geld gesühnt werden. Allerdings wurde Geld- und Urkundenfälschern die rechte Hand abgehauen. Der kleinste Diebstahl wurde höher eingestuft als die schwerste Körperverletzung. Interessanterweise wurden Hexenprozesse als unchristliche Vorgehensweise verworfen.

Im Übrigen hat die Sitten der Germanen schon vor der Völkerwanderung ein römischer Schriftsteller um 100 n. Chr. festgehalten (Cornelius Tacitus). Seiner Schilderung nach rangierten bei den Germanen die Sitten vor den geltenden Gesetzen.

Die Religionen der germanischen Siedler zu dieser Zeit in Tirol waren so verschieden, wie die Herkunft der Stämme und die Wege, die sie schon hinter sich gebracht hatten. Viele der Goten hatten schon vor ihrer Wanderung nach Italien die christliche Religion angenommen. Die meisten Langobarden und fast alle Bajuwaren und Schwaben waren zur Zeit ihrer Einwanderung in Tirol nach damaligen Begriffen noch Heiden.

Für die germanischen Völker war Wotan nicht nur Gott aller wünschenswerten Gaben, sondern auch Schutzgott der Jagd und der Helden. Einer der drei Hauptgötter war Donar (Donner) als Gott der Stärke, der Witterung, des Donners und Blitzes und des Strafgerichtes. Fro war der Gott der Fruchtbarkeit, der Erde, des Regens und des Sonnenscheins sowie Friedens, der Eintracht und der Ehe. Die Götterkönigin Frigga, als Mutter Natur und auch Herda für Mutter Erde genannt, nahm eine Vormachtstellung ein. Freia galt als Mutter der Schönheit und Schutzgöttin der Hausfrauen.

Die Feste, die den drei Hauptgöttern damals jährlich bereitet wurden, spiegeln sich in Tirol bis in die heutige Zeit wider. Als Beispiele seien nur das Johannisfeuer und die Sommer-Sonnwendfeuer, ursprünglich zu Ehren Donars entzündet, genannt.

Nach dem Tod von König Kleph blieb der langobardische Thron zehn Jahre unbesetzt. In dieser Zeit herrschten die 36 eingesetzten Herzöge wie Tyrannen in Italien und verübten immer wieder Überfälle auf die Franken. 575 fiel ein Heer von Franken und Alemannen in das Sulz- und Nonstal ein. Anschließend zogen sie plündernd durch das tridentinische Gebiet. Sie eroberten Tisens, Mölten und auch Eppan. Die heranrückende Übermacht der Langobarden veranlasste sie zum Rückzug. Bei Salurn wurden sie von Herzog Evin eingeholt und geschlagen.

Franken und Alemannen versuchten immer wieder, die Macht der Langobarden in Italien zu brechen. Die Heere wurden geschlagen. Klephs Sohn Autharis war jetzt König der Langobarden. 590 heiratete er bei Verona die Tochter des Bajuwarenherzogs Garibald, Theodelinde.

Im gleichen Jahr fielen die Franken wieder übers Veltlin und Bormio ins Sulz- und Nonstal ein und zerstörten Schlösser und Burgen in Tisens, Eppan und bei Neumarkt. Erst durch die Vermittlung der Bischöfe von Trient und Säben wurde ein Friede ausgehandelt.

Fast regelmäßig drangen nach Kärnten und bis ins Pustertal slawische Horden vor, bis sie Herzog Tassilo 595 siegreich schlagen konnte.

Mittlerweile regierte König Bertharit das Langobardenreich und die meisten seiner Untertanen waren in den letzten 50 Jahren Christen geworden.

Im Herzogtum Trient herrschte aber der Tyrann Allachis, genannt das Kind der Bosheit. Als Arianer, obwohl schon seit vielen Jahren fast alle Langobarden die christliche Religion angenommen hatten, überfiel er Kirchen und beraubte sie. Plötzlich überfiel er auch den bajuwarischen Grafen in Bozen und nahm ihm Schlösser und Besitz weg. Er meuterte gegen seinen eigenen König, der ihn in Trient belagerte. Nach seinem Tod erhielt Trient keinen Herzog mehr.

625 starb Königin Theodelinde, wie wir wissen, des Bajuwarenherzogs Garibald jüngste Tochter, deren Glück mit dem Langobardenkönig Autharis nur ein Jahr währte. Nach dem plötzlichen Tod ihres Gatten von den Langobarden weiterhin anerkannt, erkor sie sich Agelwolf, Herzog von Turin, und gewann ihn für den christlichen Glauben. Bei ihrem Tod hinterließ sie ein inzwischen geordnetes, christliches Südtirol, eingebettet im langobardischen Reich.

Während in dieser Zeit im Alpenraum die Langobarden und die Bajuwaren sich schon zum christlichen Glauben bekannten, dienten die Alemannen am Bodensee und im Nordwesten von Tirol sowie im Schwabenland noch ihren nordischen Göttern und versammelten sich unter den heiligen Eichen, um Wotan zu verehren.

In den Jahren 716 bis 727 wurde das „Land im Gebirg" von den Bajuwaren verwaltet. Danach war der südliche Teil bis hinauf ins Eisacktal und den Vinschgau wieder einige Jahre langobardisch. Tassilo II., Herzog der Bajuwaren (763–767) riss es bald wieder an sich.

Nordtirol unterstand den fränkischen Herzogen. Ein anderer Teil im Norden wird von dem Herzog der Bajuwaren verwaltet. Der Obervinschgau nebst dem Engadin und Graubünden unterstand dem romanischen Franken-Präsus zu Chur (oder Hoch-Rhätien).

KARL DER GROSSE

Jetzt war also ganz Tirol und Vorarlberg christlich. Über zwei Jahrhunderte war das „Land im Gebirg" unter der Herrschaft der Langobarden, bis Karl der Große es wieder änderte. Er nahm den letzten Königen der Langobarden, wie z. B. dem Bajuwarenherzog, ihre bisherige Macht und Würde und damit auch die Herrschaft über den größten Teil von Tirol.

Karl der Große brach im Jahre 773 mit zwei Armeen nach Italien auf. Ein Jahr später ging die Herrschaft der Langobarden in Italien zu Ende und der bisher langobardische Anteil von Südtirol wurde jetzt fränkisch.

Die bajuwarischen Herzoge versuchten sich immer wieder von den Franken zu befreien, um ihr eigenes Königreich zu gründen. Als der fränkische Statthalter von Bozen, Graf Robert von Trient, von den Bajuwaren die Übergabe von Bozen einschließlich der dortigen Umgebung forderte, wurde er von den Gefolgsleuten der Bajuwaren umgebracht.

Die danach zu klärenden Feindseligkeiten konnten nicht wie vorgesehen auf dem Reichstag zu Worms beigelegt werden, da Tassilo II., der ja mit Luitburga, Tochter des ehemaligen Langobardenkönigs Desider, verheiratet war, nicht erschien.

Jetzt rückten drei fränkische Heere gegen die Bajuwaren vor. Das erste, aus Italien kommend und vornehmlich aus Langobarden bestehend, kam über Trient und stellte sich bei Bozen auf. Bozen und ein großer Teil der Umgebung unterstand, wie schon erwähnt, dem Bajuwarenherzog. Das zweite Heer, größtenteils aus Sachsen, Ostfranken und Thüringern bestehend, zog bis zur Donau.

Das dritte und größte Heer, von Karl selbst geführt, rückte durch Schwaben bis an den Lech. Tassilo musste sich ergeben, den Vasallen-Eid leisten und viele Geiseln stellen, darunter seinen Sohn Theodo. Zu seinem Leidwesen waren auch seine Bundesgenossen aus Ungarn und die griechische Flotte an Italiens Küste nicht rechtzeitig angekommen.

Diese Niederlage veranlasste Luitburga 788 zu einem neuen Einfall in das nun bajuwarische Frankenreich mit Hilfe der Avaren, die vom fränkischen Heerführer Pipin, von seinem Lager in Bozen aus, geschlagen wurden. In Ingelheim auf dem Reichstag wurde Tassilo II. zum Tode verurteilt, aber von Karl begnadigt. Bayern wurde jetzt ganz von den Franken besetzt, die auch die Landesverwaltung übernahmen.

Unser „Land im Gebirg" wurde von Bayern getrennt und unmittelbar mit dem fränkischen Reich vereinigt. Karl wurde im Jahre 800 in Rom vom Papst Leo III. zum römischen Kaiser des Abendlandes gekrönt.

Nun wurde, wie in allen von Karl regierten Ländern, eine neue Verwaltung eingeführt. Es entstanden Gaue, Untergaue oder Zentgerichte. Im Gau wurde ein Gaugraf eingesetzt. Als Beispiel erstreckte sich der Ur- oder Muttergau der gefürsteten Grafschaft von Tirol von Ulten nach Vöran, umfasste einen Teil des Passeiertals, den Vinschgau bis Finstermünz und das Engadin.

Die höchsten Beamten des Kaisers im Lande waren also, wie überall, die Gaugrafen. Diese wiederum wurden von den königlichen Kommissären kontrolliert. Karl führte nicht nur in Tirol ein Lehenswesen ein, das viele Jahre später seine negativen Seiten offenbaren wird.

Er ging davon aus, dass ihm alle „Grundgüter" (z. B. Höfe, Dörfer, Schlösser und Ländereien) gehörten und er sie nach seinem Gutdünken an einen anderen als den bisherigen Besitzer, also an einen Vasallen oder Lehensträger übertragen kann. Zum Unterhalt der Seelsorger und Kirchen führte er im ganzen Land, und als Gesetz, den „Zehent“ ein. Auch die fränkische Gerichtsordnung wurde rasch und vollständig eingeführt.

Zeugen und Eid waren bei gerichtlichen Auseinandersetzungen jetzt selbstverständlich. Wollte sich ein Beklagter nicht schuldig bekennen, konnte er seine Unschuld auch durch gewisse Ordalien, auch Urteile Gottes genannt, beweisen. Solche Proben waren der Zweikampf und die Wasserproben. Bei den Wasserproben wurde der Verdächtige im Beisein der Richter ins Wasser geworfen oder z. B. sein Arm in siedendes Wasser getaucht und dort für bis zu drei Tage belassen.

814 stirbt Karl der Große. Ihm folgte sein Sohn Ludwig der Fromme, der als Erstes z. B. Bischöfe und Äbte von der Gerichtsbarkeit der Grafen befreite. Er teilte das große Reich unter seinen Söhnen auf. Lothar, der Älteste, erhielt Italien, Ludwig bekam Bayern und die benachbarten Länder, Pipin erhielt das romanische Frankreich.

Ein Teil von Südtirol fiel 817 mit Lothar an Italien, der Rest mit Ludwig an Deutschland. Nach der Geburt eines weiteren Bruders gab es über die Aufteilung jahrelang Streit. Erst in dem Vertrag von Verdun 843 einigten sich die drei Brüder. Der Vater Ludwig und sein Sohn Pipin waren mittlerweile gestorben.

Schon im Jahre 911 erlosch der fränkisch-karolingische Königsstamm. In den turbulenten Jahren nach dem Tod Karls des Großen standen sich diesseits und jenseits der wechselnden Grenzen die Bewohner Tirols als Feinde gegenüber.

DAS FÜRSTENTUM BRIXEN UND DER BRENNER

In jenen Zeiten der ewigen Unruhe verliehen die deutschen Könige und Kaiser den Bischöfen des Landes nicht nur einzelne Höfe oder Schlösser, sondern ganze Gebiete. Zu Anfang waren sie nur Inhaber einer Grafschaft mit eigener Gerichtsbarkeit, später jedoch wurden sie als förmliche Fürsten des deutschen Reiches anerkannt.

Zur Erinnerung: Schon 901 hatte König Ludwig, das Kind, eine große Grafschaft „mit allen dazugehörenden Gebäuden, Leibeigenen beiderlei Geschlechts, halbfreien Dienstleuten, Forst- und Jagdrechten, Wasserleitungen und Mühlen nebst den umliegenden Dörfern und Weilern“ dem damaligen Bischof zu Säben, Zacharias, geschenkt. Schenkungen an Kirchen und Klöster von Adeligen waren durch das religiöse Motiv veranlasst, dass der Schenker im Jenseits dafür belohnt würde.

Auch wegen großer Besitzungen in der näheren und weiteren Umgebung verlegte Bischof Albuin um das Jahr 990 den bischöflichen Sitz von Säben nach Brixen. Andere Gründe mögen in der steigenden Bedeutung der Brennerstraße und in der exponierten Lage der heutigen „Akropolis von Südtirol“ gelegen haben.

Konrad I. und Otto II. bestätigten 916 und 978 den Bischöfen von Brixen ihren Grundbesitz und die Erweiterung der Immunität, d. h. Befreiung derselben von der Gewalt der Grafen. Auch bestätigte König Heinrich I., 930, für den Bischof in Freising die Anerkennung des Grundbesitzes im Vinschgau und bei Meran. 940 verlieh Kaiser Otto I. dem Bischof von Chur außer der Immunität bereits Grafschaften und Regalien (königliche Rechte oder Staatsgewalt) im oberen Rheintal. Auch wiederum Gebiete, durch die wichtige Pass-Straßen nach Italien führten.

Die Hintergründe leuchten ein. Der Brenner bildete die wichtigste Verbindungslinie zwischen den Teilen des Römischen Reiches Deutscher Nation. Allein 66 Römerzüge der deutschen Kaiser führten über den Brenner nach Italien zur Gewinnung der Kaiserkrone und zur weiteren Sicherung ihrer Herrschaft.

Der Erste war 962 Otto I. Viel größer war der Zug von Friedrich Barbarossa, der mit 100.000 Fußtruppen und 15.000 Reitern durch Südtirol zog. So ein wichtiges Tal musste in sicherer Hand sein.

Den Verlauf der Straße hatten ja die Römer vorgegeben. Sie führte bis Kollmann im Eisacktal und von dort, wegen der unwegsamen Schlucht und der damit verbundenen Unsicherheiten, über den Ritten nach Bozen. 1314 öffnete ein Bozner Kaufmann in der Eisackschlucht einen gebührenpflichtigen Weg, ab 1740 konnte dieselbe Strecke befahren werden.

Manche Herzöge und deren Grafen handelten gegenüber den Königen und Kaisern feindselig und waren selbstherrlich. Während die Herzöge und Grafen ihre Gewalt durch ein erbliches Lehensrecht besaßen, wurden die Bischöfe vom Kaiser immer neu eingesetzt und waren deshalb loyaler gegenüber der Krone. Deshalb übertrugen jetzt die Kaiser den Bischöfen ganze geschlossene Grafschaften vor allem dann, wenn die Gebiete wichtige strategische Elemente enthielten.

König Konrad II., 1027 in Rom zum Kaiser gekrönt, bestätigte auf seiner Rückreise der bischöflichen Kirche von Trient die Grafschaft Trient und belehnte sie zusätzlich mit den Grafschaften Vinschgau und Bozen. Am 7. Juni 1027 übergab er der bischöflichen Kirche von Brixen die Grafschaft am Eisack und Inn. Letzteres war ein besonderer Vorgang, denn die Grafschaft am Eisack und Inn wurde dem Herzogtum Bayern aberkannt und unmittelbar dem Reich unterstellt.

Dieses Gebiet gehörte zuvor einem Grafen Welf aus Bayern. Jenes Lehen wurde ihm vom Reich zur Ausübung der Grafschaftsgewalt übertragen. Da er sich aber mit anderen Fürsten gegen Kaiser Konrad II. erhoben hatte, wurde er abgesetzt und seine Grafschaft der bischöflichen Kirche von Brixen übertragen.

Kaiser Heinrich IV. schenkte 1091 dem Bischof Altwin zu Brixen auch noch die Grafschaft Pustertal und 1179 verlieh Kaiser Friedrich Barbarossa dem Hochstift zu Brixen auf ewige Zeit das Recht und die Vollmacht, ein Zoll- und Wegeamt zu errichten, das Ehrenrecht der bürgerlichen Gerichte, die Abhaltung von Jahrmärkten, Abbaurechte im Bergbau und das Recht, eine Münzstätte zu führen. Damit beherrschten die Bischöfe von Brixen ein Gebiet, das in seiner kulturellen und wirtschaftlichen Bedeutung damals Meran und Bozen übertraf.

Die Bischöfe, die fast alle den bayrischen, schwäbischen oder alpenländischen Grafengeschlechtern entstammten, durften in den Grafschaften, die ihnen vom Kaiser übertragen worden waren, ihre Grafschaftsgewalt mit Rücksicht auf ihre kirchliche Würde nicht ausüben. Dazu war leider viel zu oft Waffengewalt nötig. Deshalb wurde diese Gewalt an Standesgenossen zu Lehensrecht verliehen, die dann selbst den Titel Grafen führen durften. Auch war dieses Recht vom Vater auf den Sohn vererbbar.

Nach 1165 haben so die Grafen von Andechs u. a. die Grafschaftsgewalt im Pustertal zwischen der Mühlbacher Klause und der Lienzer Klause als Lehen vom Hochstift Brixen erhalten.

DAS RAUBRITTERTUM IN SÜDTIROL

Nun schien die Zeit vieler Gaugrafen in ganz Tirol gekommen. Obgleich deren hohes Amt im Frieden wie im Krieg anfänglich nicht erblich war, so beließen sehr oft die späteren Könige die Privilegien in ein und derselben Familie. Oft war es Nachlässigkeit der neuen Machthaber und nicht selten wurde die Verjährung früherer Verträge ins Feld geführt.

Manche dieser Gaugrafen und Schlossherren verwandelten ihre Felsenburgen in Raubschlösser, überfielen von dort vorbeiziehende Kaufleute und Wanderer und raubten sie aus. Sie sperrten Straßen, verlangten Maut und hatten zudem untereinander laufend Streit. Diese kleinen Tyrannen unterdrückten in ganz Tirol die Bevölkerung. Viele ihrer Untertanen wurden jetzt wie Leibeigene behandelt.

Das Faustrecht, das nun in den Gebirgen und Tälern von Tirol schmerzhaft um sich griff, wurde zusätzlich durch eine neue Entwicklung beeinflusst: Zwei neue feindselige Parteien entstanden, die Welfen auf der einen und die Gibellinen auf der anderen Seite.

Kaiser Heinrich IV. verkaufte nun 1105 Bistümer und Abteien an Meistbietende, ohne den Papst zu fragen. Nach Kirchenbann durch Papst Gregor VII. wurde er von den Reichsfürsten abgesetzt und sein Sohn Heinrich V. zum König der Deutschen gewählt.

Um Bericht an den Papst zu erstatten, reisten viele Gesandte, darunter viele Bischöfe, durch Südtirol und versammelten sich in Trient, natürlich unbewaffnet. Zu ihrem großen Erstaunen wurden sie von einem jungen Mann, dem

Grafen Adelbert von Tirol überfallen, ausgeraubt und in den Kerker geworfen. Dieser Graf war ironischerweise auch noch Schirmvogt des Hochstifts Trient.

Papst Hadrian IV. sandte 1158 zwei Kardinale nach Deutschland, um eine Aussöhnung zwischen ihm und Kaiser Barbarossa vorzubereiten. Bischof Adelbert von Trient empfing die Würdenträger und begleitete sie durch das tridentinische Etschland.

Als sie durch das Gebiet von Eppan reisten, wurden sie unweit von Bozen von den Grafen von Eppan ausgeplündert und die beiden Kardinäle zusammen mit ihrem eigenen Bischof in den Kerker geworfen. Der Kaiser erfuhr davon und sandte zur Befreiung den Herzog von Bayern, genannt Heinrich der Löwe, nach Eppan.

Die damaligen Raubritter machten vor keiner Institution Halt. Auch Ezzelino da Romano, ein Graf in der Mark Verona, nicht. Die deutschen Südtiroler nannten ihn Etzel von Kamin oder Sohn der Hölle. Er fiel 1255 über Trient her und verwüstete nicht nur die Stadt, sondern fast das ganze Fürstentum.

Der Obervinschgau litt mehr als andere Landesteile unter den Raubzügen der Raubritter. Die Grafen von Matsch, zugleich Schirmvögte des Klosters Marienberg, taten sich besonders negativ hervor. Sie beraubten das Kloster öfters. Von Beschützung konnte keine Rede sein. Auch die Ritter von Reichenberg und die von Ramüß im Unter-Engadin zeichneten sich durch besondere Gewalttätigkeiten aus. Beide überfielen das Kloster Marienberg und raubten es aus.

Während der Querelen zwischen Kaiser und Papst einerseits und Herzog Friedrich andererseits trieb der verbündete Adel im gesamten Etschland wieder sein Unwesen durch Überfälle, Raub und Brand gegen alle treuen

Anhänger des Landesfürsten. Ulrich und Wilhelm von Starkenberg auf Schenna bzw. auf Greifenstein sowie Peter von Spaur und dessen Söhne Hans und Georg waren damals die gefürchtetsten Raubritter.

Auf einem Landtag in Meran versuchte 1423 Bischof Berthold von Brixen einen Ausgleich zwischen den raublustigen Adelshäusern und dem Herzog. Nicht alle hielten sich aber an die Abmachung.

Die Starkenberger beugten sich letztendlich nur der Waffengewalt des Herzogs. Deren Güter (Klam, Kronberg, Gajen, Naturns, Forst, Hocheppan, Schlanders, Juval, Schenna und Ulten) wurden eingezogen.

Außerdem erklärte Friedrich alle Untertanen der streitsüchtigen Edelleute für frei und hob die Leibeigenschaft auf. Die Zinsbauern durften als Nutzeigentümer die bisher bewirtschafteten Höfe frei benutzen, vererben und verkaufen.

Friedrich war jetzt nicht mehr der „Friedel mit den leeren Taschen“. Als Dank baute er über einem Erker seiner zweiten Residenz (die erste Residenz war bis dahin Meran) in Innsbruck das so genannte goldene Dachl.

DER GRAF VON TIROL

Die Grafen von Eppan und Ulten glaubten sich mit dem Hause der Welfen stammverwandt. Ihre Besitztümer und Burgen lagen fast alle rechts der Etsch, zum Teil als Lehen von den Bischöfen in Trient. Um 1150 lagen die Grafen von Eppan mit den Grafen von Tirol, die als Vögte in den Diensten der Bischöfe von Trient standen, im Streit.

An anderer Stelle habe ich schon berichtet, wie die Eppaner kirchliche Würdenträger überfielen und wie Herzog Heinrich der Löwe die Grafen von Eppan zur Herausgabe der Kardinäle zwang. Wie sich später zeigen wird, scheinen die Eppaner auf lange Sicht den Kürzeren gezogen zu haben, denn die Grafen von Tirol weiteten ihr Einflussgebiet schon wenig später bis nach Bozen aus.

Eine andere Linie der Eppaner führte den damals sehr seltenen Namen Arnold. Auch sie hatten schon im 11. Jahrhundert vom Bischof von Trient die Grafschaftsgewalt um Bozen und Lehen erhalten. Sie nannten sich nach der bei Terlan gelegenen Burg Greifenstein. Die Grafen von Greifenstein waren bis 1165 über 100 Jahre lang auch Vögte des Hochstiftes Brixen. Sowohl die Grafen von Ulten als auch die von Eppan starben im 13. Jahrhundert aus. Auch die Macht der Greifensteiner reduzierte sich auf natürliche Weise. Damit war der Weg für die Grafen von Tirol frei.

Den Namen Tirol oder Teriolis führte ursprünglich nur die bekannte römische Warte und das spätere Haupt- und Stammschloss der Gaugrafen aus dem Vinschgau, die dann den Namen ihres Besitztumes annahmen. Auf einem sonnigen Nebenhügel bei Meran, mit herrlicher Aussicht über den schönsten Teil des Etschlandes, vermittelt das Schloss

Tirol auch heute noch Ehrwürdigkeit und Stolz. Die Grafen von Tirol waren – wie jene von Andechs – treue Anhänger der Kaiser aus dem Hause der Hohenstaufen.

Graf Albert von Tirol, der Letzte aus dem Geschlecht der alten Grafen von Tirol, um 1185 geboren, erlangte 1210 auch die Vogtei über das Hochstift Brixen, nachdem er schon die Grafschaftsgewalt über den Vinschgau und um Bozen sowie die Vogtei über das Hochstift Trient und das dazugehörige Lehen innehatte.

Albert hatte nur zwei Töchter. Die Tochter Adelheid, Gemahlin des Grafen Meinhard I. von Görz, gebar 1237 ihren ersten Sohn, Meinhard II. Später kam Albert zur Welt. 1236 hatte Kaiser Friedrich II. den Bischöfen von Brixen und Trient die weltliche Regierung entzogen und dafür Statthalter (potestas) eingesetzt. Das dauerte aber nicht lange.

Graf Albert starb 1253. Noch im Jahr davor führte er zusammen mit dem Grafen Meinhard von Görz einen Krieg gegen den Erzbischof Philipp von Salzburg wegen Besitzstreitigkeiten in Kärnten.

Sein gewaltiger Besitz wurde unter seine beiden Töchter Adelheid und Elisabeth aufgeteilt. Meinhard erhielt den südlichen und Gebhard von Hirschberg, der Gemahl von Elisabeth, den nördlichen Teil. Meinhard I. übernahm den Titel „Graf von Tirol“, starb aber schon 1258.

Meinhard II., Enkel von Graf Albert, wurde durch seine Vermählung 1259, knapp 22 Jahre alt, mit der Herzogin Elisabeth von Bayern sehr einflussreich und mächtig. Elisabeth war die Witwe des deutschen Königs Konrad IV.

Aus erster Ehe brachte sie ihren Sohn Konradin, den letzten männlichen Stammhalter aus dem Hause der Hohenstaufen, mit. Sie war zehn Jahre älter als Meinhard, schenkte ihm fünf Kinder und starb mit 46 Jahren. Was ihm nicht gehörte, kaufte er oder holte es sich mit Gewalt. So die Stadt Trient 1267 und Bozen 1277. Er war unzweifelhaft der bedeutendste Herrscher seiner Zeit und hat konsequent den Weg seines Großvaters weiterverfolgt.

Seine Tochter Elisabeth, die junge Tirolerin, heiratete 1276 in Wien den Sohn Albert des drei Jahre zuvor gekrönten Kaisers Rudolf von Habsburg. Dieser Kaiser führte gerade mit dem böhmischen König Ottokar Krieg, weil der ihn als Kaiser nicht anerkennen wollte.

Meinhard II. zog zusammen mit seinem Bruder und zwei Heeren 1278 nach Kärnten und in die Steiermark, wo es ihnen gelang, Adel und Städte für Kaiser Rudolf von Habsburg zu gewinnen. Auf dem bei Wien gelegenen Marchfeld schlugen sie Ottokar von Böhmen. Meinhard, unter anderem mit seinen 450 gerüsteten Pferden des Grafen Hugo von Taufers aus dem Pustertal, hatte einen nicht unwesentlichen Anteil an dem Sieg.

Dafür wurde er 1286 auf dem Reichstag zu Augsburg zum Grafen von Tirol, zum Fürsten des Heiligen Römischen Reiches und zum Herzog von Kärnten erhoben. Zuvor zog Meinhards Stiefsohn, Herzog Konrad von Schwaben, Konradin genannt, kaum 20 Jahre alt, letzter Spross aus dem staufischen Mannesstamme, nach Süden.

Er machte seinen Anspruch auf das päpstliche Lehen Neapel und Sizilien geltend. Von seinem Vetter Friedrich von Baden, mehreren deutschen Fürsten und der gibellinischen Partei in Italien unterstützt, kam es in Apulien zur Schlacht, zu seiner Gefangennahme und zur Enthauptung mit seinem Freund Friedrich in Neapel, 1268, auf einem öffentlichen Platz.

Die ewigen Streitereien mit den Bischöfen von Trient

dokumentieren heute noch interessante Details. Laut der königlichen Hofgerichte von 1282 gehören die Grafen von Tirol weder zum Herzogtum Bayern noch zu Schwaben. Sie unterstehen unmittelbar dem Kaiser, und zwar vor dessen Hofgericht in Verona. Diese Aussage bezieht sich auf eine Zeit, in der Friedrich II. ja in Italien eine direkte Herrschaft ausübte.

Graf und Herzog Meinhard II. schuf in Tirol eine politische Situation, die weit in die Zukunft hineinreichen sollte. Die Bischöfe von Brixen und Trient wurden von ihm nämlich in die zweite Linie verwiesen. Zwar standen die Bischöfe als Lehensherren in ihrem staatlichen Rang über den Grafen von Tirol, aber dieser Umstand wurde von beiden Seiten zu diesem Zeitpunkt geflissentlich übersehen.

Beispielhaft hat Meinhard II. seinem vergrößerten Tirol eine einheitliche Verwaltungsorganisation verpasst. Ausgehend von Zentralämtern am Hofe, Rat, Kammer und Kanzlei unter einem Hofmeister, Kämmerer und Kanzler. Dann die lokalen Ämter, Landgerichte und Gerichte. Steuern, Zölle, Münzstätten, Salinen und Leihbanken erfuhren ein straffe einheitliche Gesetzgebung.

Alle Beamten wurden vom Landesfürsten direkt eingesetzt. Zum ersten Mal waren Lehenshoheit und Vogteigewalt über alle im Lande begüterten Adeligen und Stifte hergestellt. Es gab in Tirol keinen Adeligen mehr, der sich auf das Reich oder auf andere Landesfürsten berufen konnte.

Meinhard II. starb 1295 auf einer Rückreise von Graz, sein Leichnam wurde in Stams neben seiner Frau beerdigt.

Die Söhne Meinhards, Otto, Ludwig und Heinrich, wurden zu gleichen und gemeinschaftlichen Erben seiner Länderbesitze eingesetzt. 1305 erteilte der deutsche König Albrecht I., ihr Vetter, den Grafen von Tirol die Zoll-, Straßen-

und Verkehrshoheit innerhalb der Grafschaft Tirols. Die Bischöfe mussten auch diese Kröte schlucken. Wegen ihres Ranges auch als Herzöge von Kärnten werden die Grafen von Tirol seit 1300 als Landesfürsten bezeichnet.

Die beiden älteren Brüder starben früh. Bis zu seinem Tode, 1335, hat Heinrich allein regiert. Er hatte die Vormundschaft für seinen minderjährigen Vetter, den Grafen Johann Heinrich von Görz übernommen und wurde dadurch mit Nebensächlichkeiten konfrontiert.

Glücklos und kräftezehrend waren seine Kämpfe um die Krone von Böhmen. Als nämlich König Wenzel II. von Böhmen 1306 ohne männliche Nachkommen starb, beanspruchte er, als Gemahl der Schwester von Wenzel, den Thron. Sein bisheriger Bundesgenosse, der deutsche König Albrecht, erklärte ihm den Krieg und verhängte über ihn die Reichsacht.

So nebenher eroberte dieser dann fast ganz Kärnten. Obwohl König Albrecht 1307 von seinem eigenen Neffen ermordet wurde, vertrieb auch der Nachfolger, König Heinrich VI., Graf von Luxemburg, unseren Heinrich aus Böhmen. Er vermerkte zwar in vielen Urkunden zeitlebens den Titel König von Böhmen und Polen, was von seinen Zeitgenossen nicht selten als lächerlich empfunden wurde.

Heinrich war mit drei Frauen verheiratet. Er starb 1335 und wurde neben seinen Gemahlinnen in Stams beigesetzt. Er hinterließ nur eine Erbtochter, Margarete.

MARGARETE MAULTASCH

Herzog Heinrich, der 1335 starb, war dreimal verheiratet:. mit der Prinzessin Elisabeth von Böhmen, Anna von Braunschweig und Beatrix von Savoyen. Seine zweite Gemahlin hinterließ ihm zwei Töchter, Margarete, die als junge Herzogin von Kärnten und gefürstete Gräfin von Tirol aus zweifelhaften Gründen die Maultasch genannt wurde, und ihre Schwester Adelheid, die unheilbar krank war .

Margarete war bei dem Tode ihres Vaters gerade 18 Jahre alt und wurde jetzt – die Väter der beiden hatten sie schon fünf Jahre zuvor verlobt – mit dem 13-jährigen Prinzen Johann aus dem Hause Luxemburg, dessen Vater König von Böhmen wurde, vermählt.

Den jungen Johann anerkannte Margarete nie als ihren Ehemann. Die Auflösung ihrer Ehe verfolgte sie mit großem Nachdruck. Auch die führenden Adelshäuser in Tirol trugen dazu bei, dass der junge Herzog Johann 1341 aus Südtirol vertrieben wurde.

Ihre Suche nach einem neuen Ehemann endete erfolgreich. Der damalige römisch-deutsche Kaiser Ludwig, Herzog von Bayern, ermunterte seinen Sohn Ludwig von Brandenburg zur Hochzeit und damit zum Erwerb des mittlerweile berühmten Landes und vielleicht auch Schlüssels zu Italien. Die nicht nur in den Augen des Papstes ungesetzliche Trauung fand 1342 auf Schloss Tirol und in Meran statt.

Erst 1359 wurde die Nichtigkeit der Ehe anerkannt, aber schon 1361 verstarb ihr angetrauter Ehemann. Er hinterließ einen gemeinsamen Sohn, Meinhard den III.

Dieser Sohn, der 1343 geboren wurde, vermählte sich mit Herzog Rudolfs Schwester. Er wuchs teils in München, teils in Tirol auf. Sein verschwenderischer Lebenswandel endete schon mit 19 Jahren. Jetzt war Margarete, seine Mutter, wieder Landesfürstin.

Für viele unverständlich, verschenkte sie in verschwenderischer Gleichgültigkeit das halbe Fürstentum an ihre Günstlinge. Das restliche Tirol ging an ihre österreichischen Vettern Rudolf, Albrecht und Leopold von Österreich: „Mit den würdigen Grafschaften zu Tirol und Görz, das Land und die Gegend an der Etsch und das Inntal, mit der Burg Tirol und mit allen anderen Burgen, Klausen, Städten, Thälern, Gebirgen, Märkten, Dörfern, Weilern, Lehen, Höfen, Vogteien, Gerichten, Münzen, Mauthen, Zöllen, Zinsen, Zehenten, Steuern, Holzen, Wilden, Wäldern, Huben, Weingärten, Äckern, Seen, fließenden Wassern, Fischweiden, Wildbannen und anderen Gütern, Nutzungen und Diensten, mit allen Prälaten, Äbten und Pröpsten und aller Pfaffheit, mit allen Grafen, freien Dienstleuten, Landherren, Rittern und Knechten, Burggrafen, Pflegern, Richtern, Amtleuten, Räthen, Bürgern, Helden und allen anderen Landsassen und Leuten, Armen und Reichen, mit allen Mannschaften und Diensten, geistlich und weltlicher Lehenschaft und mit allen anderen Freiheiten und Rechten und ebenso alle Herrschaften und Güter in Bayern.“

1363 zog Margarete nach Wien, wo sie 1369 starb.

An anderer Stelle werde ich das Leben dieser interessanten Frau ausführlich beschreiben.

BAUERN- UND HANDWERKER-ORDNUNG VON 1352

Zehn Jahre nach seiner Vermählung mit Margarete erließ Ludwig von Brandenburg für Tirol eine Landesordnung im Einverständnis mit seinen „geistlichen und weltlichen Räten und allen ehrbaren Leuten“, die in seinem Herrschaftsgebiete „Eigen und Urbar“ haben.

Die Verordnung betraf u. a. Bauleute (Zinsbauern), Dienstknechte, Mägde, Tagelöhner, Handwerker und deren Lohn sowie das Weinmaß und das Glücksspiel.

Als Arbeitslohn wurde für die Gerichte im Oberinntal und Obervinschgau eine bestimmte Höhe nebst Naturalien festgelegt. Wer einen höheren Lohn bezahlte als festgelegt, wurde bestraft.

In den Gerichten am Eisack und im Sarntal soll der Lohn bezahlt werden, welchen der Pfleger des Bischofs zu Brixen nach „Einvernehmung ehrbarer Leute“ festgesetzt hat. In den Gerichten Schlanders, Tirol, Ulten, Passeier, Marling, Tisens, Gries, Bozen, Eppan, Tramin, Salurn und St. Michael sollte jeglicher Dienstbote, Handwerker, Schneider, Schuster usw. nur den Lohn erhalten, „wie er vor fünf Jahren gewesen war“.

Nur Zimmerleuten und Maurern, „da derselben im Lande nicht genug sind, soll man den Lohn bessern“. Nach heutigem Verständnis sehr harte Festlegungen für die normalen Beschäftigten. In Wirklichkeit begann damit die Leibeigenschaft zu bröckeln.

Die neue Entwicklung zeigt, dass Dienstboten, Tagelöhner und gemeine Handwerker nicht mehr als Leibeigene unentgeltlich arbeiten mussten. Allerdings gab es auch noch zu jener Zeit Leibeigene, die zu gewissen Zeiten und an bestimmten Wochentagen ihrem Herrn Frondienste leisten mussten.

Folgende Stände gab es damals in Tirol:

1. Die Gotteshäuser oder Prälaten und die „gemeine Pfaffenheit“
2. Die Edelleute, das waren die Grafen oder Ritter und deren Dienstmannen
3. Die „freien Knechte“ oder Unedlen, das waren freie Bürger oder Bauern
4. Die Leibeigenen oder Unfreien

Erst in der Folgezeit ließen die Regenten die zwei „gemeinen Stände“ Bürger und Bauern an Beratungen zu öffentlichen Angelegenheiten teilnehmen. Wohl nicht aus Einsicht, sondern eher, um den allzu mächtig werdenden Adel in Schranken zu halten.

VEREINIGUNG TIROLS MIT ÖSTERREICH

Herzog Rudolf IV. von Österreich, erst 24 Jahre alt, machte sich 1363 nach Tirol auf und nahm die von der Margarete Maultasch erhaltene Grafschaft Tirol auch im Namen seiner beiden jüngeren Brüder Albrecht und Leopold in Besitz, ernannte einen Landeshauptmann und reiste kurz darauf wieder nach Wien zurück.

Zuvor nahm er noch einige, von Margarete besonders bedachte Landesherren unter die Lupe und – soweit sich der Verdacht des Betrugs bewahrheitete – wurden ihnen die erschlichenen Güter wieder weggenommen.

Das Haus Österreich beherrschte nun die ganze südliche Grenze des deutschen Reiches gegenüber Italien. Gerade durch den Erwerb von Tirol wurde die Machtstellung bedeutend erweitert und eine räumliche Verbindung zwischen den Herzogtümern Österreich, Kärnten und Steiermark im Osten und den viel älteren Besitzungen am Oberrhein geschaffen.

Alle Straßen zwischen Deutschland und Venedig waren unter der Kontrolle der Habsburger.

Rudolf starb schon zwei Jahre später in Mailand, wo er zusammen mit seinem Schwiegervater, Kaiser Karl, weilte.

In seiner kurzen Regierungszeit gründete er den Stephansdom und die Universität zu Wien. Seine beiden Brüder Albrecht III. und Leopold III., 16 und 15 Jahre alt, übernahmen jetzt die Regierungsgeschäfte gemeinschaftlich.

ALBRECHT III. und LEOPOLD III.

Nach der in den Vorjahren erfolgten Vergrößerung ihres Reiches entschieden sich 1379 die beiden Brüder für eine Aufteilung. Herzog Leopold III. erhielt jetzt u. a. die Grafschaft Tirol, Vorarlberg, die österreichischen Gebiete in Schwaben, das Elsass, die Steiermark, Krain, Istrien und Kärnten.

Leopold III., der mit einer Tochter des Herzogs von Mailand verheiratet war, eroberte 1373 die Städte Feltre und Belluno mit allen Gebieten und 1381 trat ihm die Republik Venedig Treviso ab.

Allerdings verschacherte er diese Gebiete 1384 für viel Geld an die Fürsten von Padua. Im Oberrheingebiet gewann er 1368 die Stadt und Grafschaft Freiburg im Breisgau, die Grafschaft Hohenberg am Neckar und die Landvogtei Schwaben hinzu.

Er wollte auch den langsam erstarkten Schweizer Eidgenossen ihre Grenzen zeigen und führte 1386 einen Krieg gegen sie. Dabei verlor er bei Sempach, 1386, sein Leben. Auch die Schlacht ging verloren, obwohl er von einer großen Anzahl von schwäbischen und tirolischen Rittern begleitet war. Dies war nach der Schlacht bei Morgarten, 1315, der zweite große Sieg der Schweizer Bauern über die österreichische Ritterschaft.

Nach dem Tode Leopolds führte sein Bruder Albrecht III. die Regierung in Tirol und den Vorlanden für die unmündigen Söhne seines Bruders bis zu seinem Ableben 1395. Zuvor schloss er mit den Eidgenossen einen 20-jährigen Frieden.

LEOPOLD IV.

Jetzt übernahm der zweite Sohn, Leopold IV. (der Prachtliebende), die Regierung von Tirol und den Vorlanden. Wahrscheinlich gewarnt durch die Entwicklung in der Schweiz, verbesserte er die von Ludwig dem Brandenburger 43 Jahre zuvor eingeführte Landesordnung zu Gunsten der einfachen Leute laufend.

Der in seinem und des jüngsten Bruders Namen 1406 veröffentlichte Freiheitsbrief für die Tiroler war ein weiterer Schritt in die richtige Richtung.

Danach wurde versprochen, „niemanden ungehört zu verurteilen, oder ohne richterliche Erkenntnis aus seinem Besitztume zu verdrängen; desgleichen keinen zu zwingen, eine bestimmte Heirat einzugehen; ferner die Stelle des Burggrafenamtes zu Tirol und des Hauptmannes an der Etsch einem Eingeborenen zu verleihen; keine Steuern ohne Bewilligung der Stände zu erheben, und endlich den Kriegsdienst bloß auf einen Monat unentgeltlich zu verlangen“.

FRIEDRICH IV.
MIT DER LEEREN TASCHE

Die Gebrüder Leopold und Friedrich teilten nun erneut das Reich auf. Friedrich IV. (der mit der leeren Tasche) erhielt Tirol 1406 mit den Vorlanden.

Obwohl das Schloss Tirol und die Stadt Meran nach wie vor als Stamm- und Hauptschloss, ja als Hauptstadt der Grafschaft Tirol betrachtet wurde, schlug er seine Residenz in Innsbruck auf. Wechselvolle Jahre erlebte er zum Teil als geschlagener Heerführer im Appenzeller Land und als in Reichsacht und Kirchenbann Gefallener (nach dem Konzil zu Konstanz 1414), und das kam so:

Auf seiner Reise von Bologna nach Konstanz zum Konzil reiste Papst Johannes XXIII. durch Tirol. Er bat Friedrich um sicheres Geleit, das er auch erhielt. In Meran, am 14. Oktober 1414, ernannte der Papst den Herzog wegen seiner Treue zu ihm und dem Heiligen Stuhl zum obersten Hauptmann der römischen Kirche.

Danach begleitete er diesen Papst bis nach Konstanz, kurz darauf kehrte er wieder zurück. Es gab aber drei Päpste zu jener Zeit und das Konzil, das auf Betreiben des Kaisers Sigmund zu Konstanz einberufen wurde, sollte das Schisma der drei Päpste beseitigen und der Ketzerei des Böhmen Huß ein Ende bereiten.

Im Februar darauf zog er wieder in Begleitung von zwölf Grafen und vielen Edelleuten und mit 600 Pferden dort ein. Der Papst wollte sehr bald das Konzil wieder verlassen, aber der Kaiser verhinderte seine Abreise. Papst Johannes wandte sich an den Herzog und der verhalf ihm nicht nur durch ein Ablenkungsmanöver zur Flucht, er folgte ihm zum Schutze auch noch nach.

Der Kaiser verhängte über ihn die Reichsacht, was den Verlust aller seiner Länder bedeutete, und nicht nur das: Der Kaiser ermunterte die schweizerischen Eidgenossen, über die benachbarten Besitztümer von Friedrich herzufallen.

Auf den Rat seines Schwagers, Herzog Ludwig von Bayern, trat nun Friedrich vor den Kaiser und bat um Gnade, die er auch unter bestimmten Bedingungen erhielt. Er sollte den Papst wieder nach Konstanz bringen und danach so lange als Geisel dort verbleiben, bis alle seine „Amtsleute, Bürger und Einwohner, Schlösser, Städte, Länder und Täler in Schwaben, im Elsass, am Rhein, im Breisgau, in der Grafschaft Tirol, an der Etsch und im Inntal“ ihrer kaiserlichen Majestät gehuldigt hätten.

Viele gehorchten, außer Laufenburg, Waldshut, Villingen und vielen Städten an der Donau. Die Grafschaft Tirol ließ den kaiserlichen Kommissären ausrichten, dass niemand schwören dürfe, noch solle, „außer allein dem, welcher im Besitze des Schlosses Tirol wäre“. Der Adel forderte außerdem Erzherzog Ernst von Österreich, Friedrichs Bruder, auf, von dem Land Besitz zu nehmen, bis die Angelegenheit ausgetragen sei.

Der Bischof von Trient nutzte die Gelegenheit, eine alte Rechnung mit Friedrich zu begleichen, nämlich seinen weltlichen Besitz, der ihm von Friedrich abgesprochen worden war, wieder zurückzuverlangen.

Am 31. März 1416 entfloh Friedrich unter Mithilfe von Rittern der Haft in Konstanz. Der Kaiser sprach sofort wieder die Acht und das Konzil jetzt sogar den großen Kirchenbann über ihn aus.

Inzwischen wollte sein Bruder, Herzog Ernst von Österreich, Tirol nicht mehr hergeben. Nach einem fragwürdigen Vergleichsvorschlag des Bischofs einigten sich aber die Brüder und es gelang ihnen sogar eine Aussöhnung mit Kaiser Sigmund 1418. Der nach der Abdankung von Papst Johannes XXIII. und seiner Gegenpäpste mittlerweile gewählte Papst Martin V. löste ihn vom Kirchenbann, allerdings unter einer Bedingung:

> Er musste dem Bischof Georg von Trient 1418 nicht nur die Stadt gänzlich abtreten, sondern auch noch das Fleimstal, Riva, Tramin und Bozen sowie den Nons- und Sulzberg als auch die Schlösser Stenico, Castelnuovo und Rocca.

1439, 65 Jahre alt, starb Friedrich in Innsbruck. Sein Sohn Sigmund war gerade zwölf Jahre alt. Sein Vetter Friedrich, Erzherzog von Österreich und römisch-deutscher König und Kaiser, übernahm bis zu seinem 18. Lebensjahr die Vormundschaft und die Landesverwaltung.

SIGMUND DER MÜNZREICHE

Zwei Jahre nach Übernahme der Regierung (1448) heiratete er die Prinzessin Eleonora von Schottland. Man nannte ihn bald „den Münzreichen", da mehrere Bergwerke große Ausbeute ermöglichten. Allerdings ging der größere Teil des Gewinns an die ausländischen Pächter. Die Familie Fugger aus Augsburg beherrschte sehr bald die Gewinnung auch der Edelmetalle.

Nachdem sein Vater während der vielen Jahre seiner Regierung mit dem Bischof von Trient nicht klarkam, begann Sigmund einen Streit mit dem vom Papst aufgezwungenen Bischof von Brixen.

Sigmund, der auch Schirmvogt des Stiftes von Brixen war, wollte den zukünftigen Bischof vom Domkapital frei wählen lassen. Natürlich nicht ohne den Hintergedanken, seinen Favoriten und gegenwärtigen Kanzler, den Pfarrer Widmair zu Tirol, als Bischof durchzubringen.

Der Papst wiederum schlug 1450 den wegen seiner Gelehrsamkeit schon berühmten Kardinal Nikolaus Cusanus, der aus Kues an der Mosel stammte, als neuen Bischof von Brixen vor.

Zwei Jahre lang verweigerte Sigmund dem Bischof die Besitznahme. Streit entstand auch, weil der Bischof Ansprüche auf Lehen und fürstliche Rechte erhob. Außerdem wollte er die Klöster seines Bistums reformieren.

Auf einmal musste man sich wieder mit den Urkunden befassen, in denen die Bedingungen verbrieft waren, unter denen die deutschen Kaiser des 11. Jahrhunderts den Bischöfen von Brixen die Grafschaftsgewalt im Inn-, Eisack- und Pustertal verliehen hatten. Damals haben aber auch die Bischöfe die Vogtei und die Grafschaft selbst wieder – zumindest seit dem 13. Jahrhundert – an die Grafen von Tirol zu Lehen gegeben.

Wie nicht anders zu erwarten, kamen die Gutachter zu unterschiedlichen Resultaten. Während sich die Bischöfe von Brixen als Oberherren des Landesfürsten auch im 15. Jahrhundert sahen, betrachtete Herzog Sigmund den Bischof von Brixen als seinen Untertan, genauso wie alle Prälaten und Adeligen im Land. Beiden ging es um die Landeshoheit.

Kardinal Cusanus wurde von Sigmund 1460 gefangen genommen. Er musste den Verzicht auf alle seine Ansprüche bestätigen. Als Cusanus wieder frei war, widerrief er alles. Der Papst verhängte über Herzog Sigmund und sein ganzes Land den großen Kirchenbann. Die Tiroler hielten trotzdem treu zu ihrem Landesfürsten.

Auch die Klosterfrauen vom Kloster Sonnenburg im Pustertal verweigerten den vom Papst und dem Bischof entsandten Visitatoren den Zutritt zu ihrem Kloster. Viele Klöster hatten damals großen weltlichen Besitz und nicht selten war auch weltliche Stimmung hinter den Klostermauern anzutreffen. Cusanus' Reformation der Klöster zielte vor allem auch auf die Abschaffung des weltlichen Besitzes der reichen Klosterfrauen ab. Bei einer solchen Visitation soll es zu Tätlichkeiten gekommen sein.

Der Bischof belegte daraufhin mit päpstlicher Vollmacht die Äbtissin, Verena von Stuben, mit dem Kirchenbann. Aber damit nicht genug. Er verbot den Bauern, ebenfalls unter

Androhung von Kirchenbann, jegliche zukünftige Hilfe und Entrichtung von Gebühren an das Kloster.

Als auch die Bauern diese Anweisungen missachteten, schickte der Kardinal den bischöflichen Amtmann mit seinen Soldaten nach Sonnenburg. Angeblich gingen die Soldaten mit den Bauern nicht zimperlich um. Viele kamen ums Leben. Die Nonnen wurden verjagt und das Kloster von den Soldaten besetzt.

Nachdem Herzog Sigmund mehrere rechtsgelehrte Männer zum Papst nach Rom mit dem Auftrag um Aufklärung der Hintergründe, die zu den unliebsamen Vorfällen geführt haben, schickte, wurde 1464 ein Vergleich geschlossen und der Kirchenbann aufgehoben.

Praktisch wurde jener Zustand bestätigt, wie er vor Ausbruch des Streites über 200 Jahre Bestand hatte und auch von den Bischöfen anerkannt worden war. Bevor Cusanus die Vereinbarung akzeptieren konnte, starb er in Rom.

Die Türkeneinfälle in Österreich zwangen Sigmund zur Unterstützung und zum Schutz der österreichischen Grenzen zu beträchtlichen Geldhilfen. Deshalb ernannte ihn der Kaiser 1478 zum Erzherzog.

Turbulent wurde es 1487. Es entbrannte ein Krieg mit Venedig. Die Venezianer entrissen ihm Rovereto, Riva und das Hochstift Trient. Ein Jahr währte der Krieg. Der Papst stiftete Frieden und obwohl Erzherzog Sigmund eindeutiger Sieger auf dem Schlachtfeld war, blieb durch den faulen Kompromiss Rovereto verloren.

Sein inzwischen aufwendiger Lebensstil wurde auch von seinen Untertanen nachgeahmt. Er hielt sich nicht nur wegen seiner Fisch- und Jagdleidenschaft oft in entlegenen Gegenden auf. Dort baute er Lustschlösser, aber auch

Kapellen und Kirchen, oder er veränderte alte Bauten, die anschließend seinen Namen bekamen (Sigmundslust, Sigmundsried, Sigmundseck, Sigmundskron).

Eleonore von Schottland schenkte ihm nur einen Sohn, der schon in jungen Jahren starb. Nach dem Ableben von Eleonore heiratete er die 40 Jahre jüngere Katharina von Sachsen. Diese Ehe blieb kinderlos. Dafür berief sich aber eine größere Zahl außerehelicher Kinder auf Sigmund als ihren Vater.

1490 bat er – wegen nicht vorhandener „erbfähiger" Kinder – seinen Vetter und späteren Kaiser Maximilian zu sich nach Meran und übergab ihm vor den versammelten Ständen die gesamte Regierung.

In Innsbruck verstarb er 1496 als letzter Landesfürst der tirolisch-österreichischen Seitenlinie.

TIROL UND ÖSTERREICH WACHSEN ZUSAMMEN MAXIMILIAN I.

Maximilian I. (Max genannt), Sohn Kaiser Friedrichs III. und der Eleonore von Portugal, wurde 1459 in Wiener Neustadt geboren. Von seiner Großmutter, einer Herzogin aus Kroatien, hatte er slawisches Blut. Die Mutter und die Urgroßmutter, Viridis Visconti von Mailand, brachten romanische Elemente in die Familie.

Mit 18 Jahren, 1477, heiratete er Maria, die einzige Erbtochter Herzog Karls von Burgund, oder Karls des Kühnen, wie er genannt wurde. Karl war im gleichen Jahr im Kampf gegen die Schweizer gefallen. Max I. gelangte dadurch auch in den Besitz des burgundischen Reiches, das damals aus dem heutigen Belgien und den Niederlanden sowie aus dem östlichen Frankreich bestand.

Schon bei seiner Übernahme der Tiroler Landesregierung war er ein mächtiger Mann, zuvor schon in Frankfurt 1486 zum römisch-deutschen König gewählt und zu Aachen gekrönt, obwohl er die Regierung des Deutschen Reiches erst nach dem Tode seines Vaters 1493 übernahm. Max ging in die Geschichte als der „letzte Ritter“ ein, weil er als der letzte Herrscher alle ritterlichen Übungen meisterlich beherrschte. Er ist selbst an der Spitze seines Heeres in jede Schlacht gezogen. Kein österreichischer Monarch hat das je wieder gewagt.

Natürlich hat er die Aufgaben als Landesfürst der österreichischen Länder vorbildlich erfüllt. Gleichzeitig fühlte er sich aber als deutscher König und späterer Kaiser auch als Angehöriger der deutschen Nation. Seine Haltung manifestierte sich in seinen politischen Schriften, seiner persönlichen Erscheinung und durch seine Anregungen in Kunst und Literatur. Bei einem Jagdunfall, 1482, starb seine junge Frau, die ihm einen Sohn und eine Tochter geschenkt hatte. Sein Sohn Philipp „der Schöne" erbte Burgund. In Innsbruck nahm er an Ostern 1490 die Erbhuldigungen entgegen und bestätigte den Tirolern ihre alten Freiheiten. Er organisierte in großem Stil die Umgestaltung der Landesverwaltung und vergrößerte das Land. Max heiratete 1494 Blanka, Tochter des Herzogs von Mailand aus dem Hause Sforza.

Weil aber der Vater von Blanka, Francesco Sforza, nur ein hochgekommener Condottiere und damit kein standesgleicher Verhandlungspartner für den Kaiser war, musste die Brautwerbung an der Grenze des Kaiserreichs und des lombardischen Machtbereiches stattfinden.

Ein wenig überraschend wurde dazu die Passhöhe des Stilfser Jochs (2750 m) gewählt. Damals war es nur ein Pfad, über dessen Windungen sich der Kaiser hat hochtragen lassen, um den Bund der Ehe zu beschließen, der wie erwähnt 1494 in Innsbruck dann besiegelt wurde.

Heute führt die weltberühmte Stilfser-Joch-Straße hinauf und unten im Tal sind noch die Reste der Burg bei Matsch auszumachen, von der aus die Gaugrafen oder deren Vögte den Verkehr ins Veltlin räuberisch überwachten.

Blanka hielt nun ständig Hof in Innsbruck, während ihr Mann laufend auf Reisen oder mit Kriegen beschäftigt war. Er erbaute zu Ehren von Blanka und seiner ersten Frau Maria das Goldene Dachl zu Innsbruck, auf dem auch die beiden Frauen abgebildet sind.

Außerdem organisierte er in großem Stil die Umgestaltung der Landesverwaltung, band aber die von Sigmund geschaffenen Kammern mit ein. Tirol spielte in seinem Leben ein wichtige Rolle, obwohl er große Pläne in Mitteleuropa verfolgte. Unter seiner Herrschaft wuchs Tirol zu einer starken Kraft innerhalb der österreichischen Lande heran.

Er erbte 1500 die Grafschaft Görz in Friaul und das Pustertal „von der Mühlbacher Klause bis an die Grenze zu Kärnten“ und die bayrischen Herzöge traten ihm für früher geleisteten Beistand die Landgerichte Rattenberg, Kufstein und Kitzbühel wieder ab. Außerdem erhielt er 1516 im Frieden von Venedig unter anderem Rovereto und Riva zugeschlagen, das nun alles der Grafschaft Tirol wieder einverleibt wurde.

Neben den Kriegen 1490 gegen die Ungarn (die einen großen Teil von Österreich erobert hatten) und1492 bis 1500 gegen den König von Frankreich ist der für Tirol verlustreiche Krieg gegen die schweizerischen Eidgenossen, Graubündner und Engadiner, zu nennen, der 1499 entbrannte und mit einer blutigen Niederlage der Österreicher, obwohl verstärkt durch Soldaten aus dem Reich, endete.

Der Krieg dauerte acht Monate und tobte zwischen Basel und Meran. Die größten Gefechte waren bei Frastanz und Hard im Vorarlberg und vor allem an der Calven bei Glurns, wo das tirolische Aufgebot von den Bündnern geschlagen wurde. Nachbarn, Freunde, Väter, Söhne, ja ganze Familien, die früher einander Gutes taten, schlugen sich gegenseitig und im Verlaufe von 13 Schlachten tot. Tausende von Schlössern, Brücken, Straßen, Städten und Höfen lagen in Schutt und Asche.

Wenn man bei dem Historiker Hans Kramer aus Innsbruck oder in dem Buch von Fritz René über die Schweiz nachliest, dann sind die Vorkommnisse so erklärlich wie tragisch. Graubünden grenzte an Westtirol. Die Graubündner waren aber durch Freundschaftsverträge mit ihren östlichen

Kantonen verbunden. Sie waren keine gleichwertigen Eidgenossen, aber im Ernstfall war militärische Hilfe nicht ausgeschlossen.

Ein Relikt aus alten Verträgen waren die vielen „Gottesleute“ im Vinschgau. Das waren Untertanen des bündnerischen Hochstifts zu Chur, deren Güter auf Südtiroler Boden lagen und auch verpflichtet waren, dem Tiroler Landesfürsten Steuern zu zahlen oder gar Kriegsdienst zu leisten. Die Ziele von Max waren nicht zu übersehen.

Er wollte die Bündner und die Gottesleute zwingen, sich von den Eidgenossen zu lösen, und die Rechte der Bischöfe von Chur auflösen. Der oben kurz beschriebene grausige Krieg war die Folge der Machtspiele zwischen Max und den Eidgenossen, die alles unternahmen, um eben nicht von der Macht der Habsburger aufgesogen zu werden.

Durch die Vermittlung des Herzogs von Mailand und des Kaisers Schwager, Ludovico Sforza, wurde der Friede von Basel, 1499, geschlossen. Allerdings hat sich damals die Schweiz von ihren Verpflichtungen gegenüber dem Reich losgesagt. Dabei entstanden unklare Verhältnisse. So blieb dem Landesfürsten von Tirol in Graubünden zwar die hohe Gerichtsbarkeit, nicht aber das Steuerrecht und das Wehraufgebot.

Mit 20.000 Tirolern und Deutschen zog Kaiser Maximilian 1508 über Brixen nach Trient. Er plante seinen Weg nach Rom, um sich dort krönen zu lassen. Die Venezianer verweigerten ihm den Durchzug. Er kündigte Krieg an, denn die Venezianer hatten seit Anfang 1400 alle Städte und Gebiete des nordöstlichen Italien durch Waffengewalt erobert, obwohl sie alle alte Lehen des Deutschen Reiches waren.

Die Franzosen standen ihm bei seinen Bemühungen bei, aber manche seiner deutschen Fürsten zögerten mit ihrer zugesagten Unterstützung. Neun Jahre dauerte diese Fehde, bis endlich 1516 ein Waffenstillstand in Brüssel geschlossen und zwei Jahre später um fünf Jahre verlängert wurde. Es blieb dann dem Kaiser Karl V. und Erzherzog Ferdinand, als Erben von Max, vorbehalten, endgültige Friedensverträge in den Jahren 1521 bis 1529 zu beschließen.

Seit dieser Zeit gelten die Tiroler als ein bewaffnetes Volk, „das die aus Kaiser Maximilians Händen empfangenen Waffen erhalten habe, um sie bei dem Hause zu erhalten und damit alte Rechte und Gewohnheiten zu ehren und zu schirmen" (F. K. Zoller, Geschichte und Denkwürdigkeiten der Stadt Innsbruck).

Maximilian starb in Wels 1519, nach seiner Rückkehr vom Reichstag zu Augsburg, auf dem Weg von Innsbruck nach Wien. 26 Jahre war er römisch-deutscher Kaiser und 29 Jahre gefürsteter Graf von Tirol. Während seiner Zeit hat sich Tirol auf seiner Nordost-, Südost- und Südseite gewaltig vergrößert, und das blieb auch fast so bis zur Säkularisation im Jahre 1803. Allerdings löste sein Ableben in Tirol Unruhen aus, von denen noch zu berichten sein wird.

Sein Sohn Philipp hatte die Erbprinzessin Johanna von Spanien geheiratet, starb jedoch vor seinem Vater.

FERDINAND I.

Kaiser Max hatte seine beiden Enkel Karl und Ferdinand, die Söhne seines bereits 1506 verstorbenen einzigen Sohnes Philipp, zu Erben seiner Länder eingesetzt. Karl war ja nach dem Tode seines Vaters Herzog von Burgund und nach dem Ableben seines Großvaters mütterlicherseits 1516 König von Spanien geworden.

Karl V., so nannte er sich jetzt, wurde noch 1519 von den

Kurfürsten zum römisch-deutschen Kaiser gewählt. Sein Bruder Ferdinand I. erhielt die gesamten österreichischen Erbländer, also auch Tirol.

Weil Ferdinand noch in Spanien weilte, bestellte er in Innsbruck einen Statthalter, der seine Vollmacht hatte, und an vielen Orten wurden Räte oder Regierungsvertreter eingesetzt. Nicht nur deswegen entstand Unruhe im ganzen Volke, besonders in den Gegenden des Oberinntals, um Meran und im Passeier- und Ultental.

Die Vertreter Maximilians hatten nämlich, nicht zuletzt wegen der vielen Kriege, alles verpfändet. Das Bergwerk zu Schwaz und das Salzbergwerk zu Hall z. B. an die Fugger in Augsburg. Auch fast alle Gerichte waren verpfändet, so dass die neuen Herren nicht viele Möglichkeiten hatten, zu Geld zu kommen.

Einem Gerücht zufolge sollte der Kaiser auf dem Sterbebett noch die Jagd und Fischerei freigegeben haben. Alle versuchten sich nun in der Jagd. Weil eben nur ein Gerücht, konnten die Beamten aber von solch einem Vermächtnis gar nichts wissen, und ihr Einschreiten schürte die Unruhen noch mehr.

Zur Beilegung der Zwistigkeiten wagte man keinen offenen Landtag einzuberufen. Die vier Stände (Prälaten-, Adels-, Bürger- und Bauernstand) wurden zu einem großen Ausschuss nach Innsbruck eingeladen, und dort wurde beschlossen, dass in Zukunft nur noch zehn Vertreter von jedem Stande, insgesamt also 40, in den Ausschuss berufen werden können.

Diese neue Landtagsordnung besagte auch, dass die Vertreter der Bürger in so genannten Ratsversammlungen und die der Bauern in Viertels-Konferenzen gewählt werden müssen. Der Landtag wurde nun nur noch in besonderen Fällen vom Landesfürsten einberufen.

Ferdinand I. und seine Frau Anna von Böhmen und Ungarn betraten aber erstmals 1523 den Boden von Tirol. Er war nun nicht nur u. a. der Landesfürst von Österreich, Steiermark, Kärnten, Görz und Tirol, sondern – nach dem Tode seines Schwiegervaters 1526 – auch König von Ungarn und Böhmen und ab 1531 auch noch König der Deutschen.

MICHAEL GAISMAIR, MARTIN LUTHER UND DER BAUERNAUFSTAND

Ab 1517 griff die Lehre Martin Luthers auch in Tirol um sich. Nicht selten waren die Gründe für die Hinwendung zu Luther ein Sittenverfall, der in allen Ständen, auch bei Geistlichen und in manchen Klöstern, nicht zu übersehen war.

Die Bergknappen von Schwaz hatten offensichtlich eine gute Verbindung zu den Knappen im sächsischen Erzgebirge und zeigten am deutlichsten ihre Sympathie zu Luther und zu seinen Thesen über die gleichen Rechte der Menschen nach dem Evangelium. Natürlich erfuhren auch die Tiroler von den Aufständen der Bauern in Schwaben und in Franken gegenüber deren Herren. Die dabei vorgestellten Programme wurden auch in Tirol bekannt gemacht.

Auch die so genannte Wiedertäufer-Sekte erhielt viel Zuspruch. Mancher dieser „Volksverführer“, so wurden sie von der herrschenden Obrigkeit genannt, wurde hingerichtet oder auf dem Scheiterhaufen verbrannt.

Das radikale Vorgehen gegen die neuen Prediger entfachte einen Sturm gegen die wohlhabende Geistlichkeit. Im Mai 1525 schlug sich die Empörung der Bauern in einem regelrechten Aufstand, oder wie man damals sagte, einer Empörung der Bauern, nieder.

Die Unruhen begannen im Fürstentum Brixen. Der wortgewandte Michael Gaismair, bisher Schreiber und Zollamtmann des Bischofs in Klausen, setzte sich an die Spitze der Bewegung. Viele Historiker und Staatsrechtler hielten Gaismairs Tiroler Landesordnung von 1526 für eine der faszinierendsten Staatsalternativen, die jemals zu Papier gebracht wurde.

Unter Sturmgeläute wurde über Domherren und Adelige hergefallen. Auch die Juden in Bozen wurden nicht verschont. Die Klöster Neustift, Stift Gries, das Klarissenkloster zu Meran, Maria Steinach bei Algund, das Benediktiner-Stift Marienberg, Stams, die Kartäuser in Schnals und die Sonnenburg im Pustertal wurden geplündert. Aber die aufgebrachten Bauern vom Burggrafenamt stürmten auch die Pfarrhäuser in Algund, Tirol, Schenna, Mais, Lana, Tisens und in Ulten. Auch am Nonsberg, bei Rovereto und in der Valsugana war Aufruhr.

Die Fürstbischöfe zu Brixen und Trient übertrugen in diesen schwierigen und unsicheren Tagen Ferdinand I. die weltliche Verwaltung für ihre Gebiete, weil sie keine Hoffnung auf eine baldige Lösung der Situation sahen. Auch dies nützte jedoch nichts. Erzherzog Ferdinand versuchte nun durch einen offenen Landtag, den er für den 20. Juni nach Innsbruck einberufen hatte, die Gemüter zu beruhigen. Für diesen Landtag schloss er den Prälaten- und Adelsstand aus, da dieser ja von den anderen beiden Ständen angeklagt wurde.

Für die Bauern an der Etsch und am Eisack legte Michael Gaismair einen umfassenden Beschwerdekatalog dem Herzog vor. Zuvor hatten sich Vertrauensmänner des Bauern- und Bürgerstands in Meran getroffen und ein Programm über ihre Forderungen, die so genannten „Meraner Artikel“, entworfen. Danach war man nur noch bereit, dem Landesfürsten allein etwas zu bezahlen.

Alle Zinsen an Klöster oder Pfarreien sollen entfallen. Den Kornzehent sollen die Gemeinden erhalten, davon jedoch den Pfarrer bezahlen, der auch von der Gemeinde gewählt und abgesetzt werden soll.

Die Klosterverwaltung soll weltlich werden und alle geistlichen Regierungen abgesetzt werden. Ob edel oder unedel, ob Geistlicher oder Weltlicher, alle sollen vor dem gemeinen Richter stehen. Wild, Vögel und Fische sollen der Allgemeinheit gehören und „welsche Weine“ nicht mehr durchs Land transportiert werden. Zuletzt sollen die fremden Wucherer wie Fugger, Hochstätter und Welser sowie alle fremden Kaufleute und Hausierer nicht mehr ins Land dürfen. Ferdinand versprach, die Vergangenheit zu vergessen und die gewünschten Veränderungen zu unterstützen, soweit sie das Weltliche betrafen.

In einer neuen Landesordnung, dem so genannten 25-jährigen Landlibell, wurde vorbehaltlich der Entscheidung eines zukünftigen Kirchenrates festgelegt, dass die Geistlichen in weltlichen Sachen in Zukunft vor der weltlichen Obrigkeit zu erscheinen haben. In Zukunft können die Städte oder Gerichte bis zu drei Pfarrer vorschlagen, die vom Rat dann ausgewählt und angestellt werden.

Viele der Bestimmungen reduzierten die zum Teil übertriebenen Forderungen der Bauern auf ein normales Maß, und sieben Jahre später, 1532, wurde auf Verlangen der Geistlichkeit und des Adels das Libell ohne großen Widerstand der beiden anderen Stände in manchen Punkten abgeändert und als so genannte reformierte Landreform wiedergeboren.

Der gemeine Mann kehrte wieder zur Ordnung zurück, aber unter den Gebildeten des Landes konnte man doch einige Anhänger Martin Luthers ausmachen. So unter anderem in Meran die Gräfin Johanna von Öttingen, Balthasar

Schegg auf der Fragsburg, Balthasar Helmsdorfer zu Lana. Hilleprand von Spaur trat mit seiner ganzen Familie sogar offen für die Lehre Luthers ein.

Ferdinand verhängte später über Gaismair die Acht, weil dieser mit dem inzwischen Erreichten nicht zufrieden war und weiter nach Anhängern Ausschau hielt. Er setzte auf seinen Kopf einen Preis aus, den sich zwei Spanier „verdienten“, als sie ihn 1532 auf seinem Landgut bei Padua ermordeten.

Als sich 1544 auf Betreiben des Papstes ein Heer, das Kaiser Karl V. und der katholischen Liga zur Hilfe kommen sollte, auf den Weg in Richtung Deutschland machte, kam ihnen ein lutherisches Heer zuvor. Die aus Augsburg Angerückten waren sofort in Reute und Füssen und schickten sich an, nach Innsbruck vorzudringen, um das Inntal zu besetzen. Der beherzte Angriff eines Heeres von Tiroler Landesverteidigern ließ die Eindringlinge wieder abziehen.

Acht Jahre später rückte Herzog Moritz von Sachsen, der mit dem Kaiser gerade im Streit lag, gegen die Grenzen Tirols vor. Kaiser Karl V. war gerade mit Ferdinand I. in Innsbruck, musste aber der Übermacht zunächst weichen und der kranke Kaiser wurde mit einer Sänfte von Innsbruck über den Brenner und das Pustertal in das sichere Villach nach Kärnten getragen. Später, in Passau, wurde Friede geschlossen.

Bemerkenswert war die Haltung der Schweizer in jenen Tagen. In Innsbruck erschienen Abgeordnete aus Graubünden, der Vogt zu Raguns, der Bürgermeister von Chur und der Landamtmann von Davos mit einem an den Churfürsten Moritz und seine Verbündeten gerichteten Schreiben. Darin baten sie den Fürsten, sein Kriegsvolk aus Tirol so schnell wie möglich abzuziehen, andernfalls würden sie mit aller Macht Tirol beistehen. Nun hatte Tirol wieder Ruhe.

Nach vielen Anläufen wurde 1543 das Konzil in Trient eröffnet. Mit vielen Unterbrechungen dauerte es 20 Jahre und die im Dom zu Trient abgehaltenen Sitzungen und Versammlungen wurden von einer für damalige Verhältnisse übergroßen Anzahl von Würdenträgern mit Anhang besucht. Neben 206 Bischöfen nahmen Abgesandte des Papstes und vieler Könige daran teil. Für Tirol brachte das Konzil nur eine weitere Festigung der katholischen Kirche.

Ferdinand, von seinem Bruder Karl ermächtigt, stimmte 1555 auf dem Augsburger Reichstag dem „Religionsfrieden" zu, hielt aber in Tirol an seinem Prinzip, dass der Landesfürst die Religion seiner Untertanen zu bestimmen hatte, fest. Seiner Ansicht nach war die Restauration des Katholizismus in Tirol das einzig Wahre.

Damit exekutierte er in Tirol die in Augsburg von ihm durchgesetzten Vereinbarungen, wonach eine Religionsfreiheit zwischen den Reichsständen möglich war, nicht aber für die Untertanen.

FERDINAND II.

Im Sommer 1565, nach über 40 Jahren Regierungszeit als Landesfürst in Tirol, ernannte er seinen zweiten Sohn, Ferdinand II., zu seinem ordentlichen Nachfolger als Landesfürst von Tirol. Dazu gehörten die ober- und vorderösterreichischen Lande, nämlich Tirol, die Herrschaften vor dem Arlberg, in Schwaben, im Breisgau und im Elsass.

Der älteste Sohn, Max II., erhielt neben dem Herzogtum Österreich auch die Königreiche Böhmen und Ungarn. Er wurde später, wie sein Vater, zum deutschen Kaiser gewählt. Der jüngste Sohn, Karl II., wurde Herzog von Steiermark, Kärnten und Krain. Im Jahr danach starb Ferdinand in Wien. Die Tiroler Landstände begrüßten die in seinem Testament verfügte Teilung, weil sie sich eine persönliche Anwesenheit des Landesfürsten und damit eine bessere Verfolgung ihrer Interessen versprachen.

Es ist aber interessant zu wissen, dass im ersten Testament Ferdinands I., 1543, er noch die ungeteilte Regierung aller erblichen Königreiche und Länder als das Beste für die Größe und Macht des Hauses Österreich erachtete. Elf Jahre später hat er sich die Sache anders überlegt und doch eine Teilung unter seinen drei Söhnen verfügt, weil er jedem eine selbständige Regierung „zur Befriedigung des eigenen Ehrgeizes“ verschaffen wollte.

Ferdinand II., 1529 geboren, heiratete heimlich und nicht standesgemäß die Tochter eines Kaufmanns aus Augsburg, Philippine von Welser. Sein Vater ließ ihn und seine Frau lange nicht in seine Nähe und verbot, dass seine inzwischen geborenen Söhne „dem Stand des Vaters folgen dürfen“. Ein Sohn wurde später „Kardinal von Österreich“ genannt, der andere erhielt den Titel Markgraf von Burgau. Erst 1576 wurde die Ehe öffentlich verkündet.

Zwei Jahre dauerte es, bis er 1567 als Landesfürst in Innsbruck einzog. Er besuchte aber, ganz zur Freude seiner Untertanen, die einzelnen Gerichte des Landes, ja sogar im entlegenen Ultental ließ er sich sehen. Abgesehen von wenigen Besonderheiten, genoss Tirol während seiner 30-jährigen Herrschaft Ruhe und Frieden.

Zu bemerken wäre, dass er in Innsbruck einen großen Hofstaat aufbaute. Der persönliche Vertreter oder Statthalter des Landesfürsten war ein Georg Graf von Helfenstein, später sein Sohn Schwaikhardt von Helfenstein. Im Winter 1572 musste der Herzog mit einem Großteil seines Adels in Innsbruck in Scheunen übernachten, weil ein Erdbeben mit ca. 40 Erdstößen viele Gebäude beschädigte.

Auf dem offenen Landtag zu Innsbruck ließ Ferdinand II. die schon von seinem Vater 1532 reformierte und nun nochmals verbesserte „neureformierte Landesordnung“ einführen. Dieses Gesetzbuch von Tirol blieb bis 1770 in Kraft. Die von seinem Vater initiierte Restauration des Katholizismus führte zur vollständigen Ausrottung des Protestantismus in Tirol.

Seine Anordnungen bedrohten diejenigen Einwohner, die dem „Augsburger Bekenntnis“ anhingen, mit Landesverweis, Wiedertäufer erfuhren die Todesstrafe und Bücher protestantischen Inhalts mussten verbrannt werden. In den Landtagsverhandlungen waren konfessionelle Angelegenheit zur Tagesordnung nicht zugelassen.

Seine beiden Brüder, Kaiser Max II. und Karl II., waren dagegen in deren Ländern viel toleranter, teils aus Überzeugung, teils aufgrund der Machtverhältnisse dazu gezwungen. Diese Gesetze in dieser Landesordnung waren für Menschen, die nicht in das damalige Bild passten oder sich Verfehlungen erlaubt haben, sowie für Verbrecher unmenschlich. Auch die Kleiderordnung wurde „zur Verhütung übertriebenen Aufwands als auch zur Unterscheidung der Stände“ erlassen.

Die gemeinen Bürger und Einwohner in den Städten und Märkten „dürfen keinerlei Gold, Silber, Perlen oder seidene, zerstückelte Kleider, kein Marder oder dergleichen königliches Futter tragen, sondern sich in geziemter Tracht von Wollentuch und Satin, mit geringen Maschen und Futter von Fuchspelz, Kaninchen oder Lämmern begnügen“.

Die Bürgersfrauen dürfen „zwar Ringe mit oder ohne Edelsteine tragen, jedoch nicht über einem bestimmten Gesamtwert, die Jungfrauen Perlen-Wiedel und samte Haarbändchen“. Den gemeinen Bauersleuten, Arbeitern, Tagelöhnern, auch deren Weibern und Töchtern auf dem Lande ist geboten „ihre Kleidung, Röcke, Mäntel und Wams von Loden und Tüchern, die sie selbst machen und wirken lassen, alles unzerschnitten tragen. Nur die Kriegsleute dürfen zerschnittene Hosen und Wamse behalten".

Zwei Jahre nach dem Tod seiner ersten Gattin heiratete Ferdinand 1582 Katharina von Mantua, und mit 66 Jahren, 1595, schied er aus dem Leben. Die Söhne seines älteren Bruders und Kaisers Maximilian II. folgten als Landesfürsten. Zuerst Rudolf II., dann Erzherzog Max III. mit dem Zunamen „der Deutschmeister", weil er dem Deutschen Orden vorstand. Er starb 1618 in Wien.

DER DREISSIGJÄHRIGE KRIEG LEOPOLD V.

Erzherzog Ferdinand III., sein Vetter aus der steirisch-österreichischen Linie, erbte 1619 als nächster und ältester Verwandter Tirol. Damit fielen die ober- und vorderösterreichischen Länder wieder an Österreich zurück. Er überließ aber die Verwaltung seinem Bruder Leopold V. und setzte ihn als Gubernator ein. Leopold, 1585 in Graz geboren, war zuvor Bischof in Passau und Straßburg. Nach einer päpstlichen Dispens heiratete er die Prinzessin Claudia von Toskana aus dem Hause Medici, starb aber schon sieben Jahre später und hinterließ zwei unmündige Kinder.

ERZHERZOGIN CLAUDIA

Kaiser Ferdinand II., als nächster Verwandter, übernahm 1632 die Vormundschaft, überließ aber der Mutter Claudia nicht nur die Erziehung, sondern auch die Regierung des Landes Tirol. Dabei wurde sie tatkräftig von ihrem Kanzler

Wilhelm Bienner unterstützt, der um 1590 im schwäbischen Lauchheim als Sohn eines Beamten des Deutschen Ordens geboren wurde.

Bienner hatte viele Feinde beim Adel und Hofstaat und dem Klerus, weil er eisern die österreichischen Herrschaftsrechte vertrat. Der Einzug der Steuern auch von den Bischöfen, die Heranziehung des Adels zum Wehrdienst und die Beschränkungen der Ausgaben der Beamten machten ihn unbeliebt. Erzherzogin Claudia stand aber immer zu ihm.

Inzwischen machten auch die Auswüchse des Dreißigjährigen Krieges vor Tirol nicht Halt. 1633 fielen die Schweden unter König Gustav Adolf im Vorland ein, belagerten Konstanz, nahmen Bregenz ein und die erste Vorhut tauchte alsbald auf den Gebirgspässen auf. Claudia ließ die Grenzorte befestigen und konnte das Eindringen verhindern. Sie ließ in der Scharnitzer Klause die „Porta Claudia" errichten. Von 1634 bis 1637 wütete die Pest in Tirol, die besonders im oberen Inntal viele Opfer forderte.

Nun wiederholte sich der jahrhundertealte Streit mit den Hochstiften von Brixen und Trient. Claudia verlangte nämlich von den Bischöfen mit Einverständnis der Stände auch einen Beitrag für den Hofstaat. Die Bischöfe weigerten sich mit der Begründung, dass sie nicht Untertanen, sondern Bundesgenossen der gefürsteten Grafschaft seien. Es war abzusehen, dass sowohl der Papst als auch der Kaiser, die beide um Vermittlung gebeten wurden, die Partei der Bischöfe ergriffen.

ERZHERZOG FERDINAND KARL

Zwei Jahre vor ihrem Tode, 1647, trat Erzherzogin Claudia die Regierung an ihren ältesten Sohn, Erzherzog Ferdinand Karl, ab, der sich auch mit der großherzoglichen Prinzessin Anna aus dem Hause Medici vermählte. Gegen eine große Abfindung trat er u. a. das Unterengadin an Graubünden ab.

Als er, Ferdinand Karl, der selbst einen verschwenderischen Lebenswandel führte, die Regierung übernahm, entließ er Bienner, 1650, aus seinem Amte. Die Erzfeinde von Bienner überzeugten jedoch den Erzherzog, ihn verhaften zu lassen und vor ein Gericht zu stellen.

In Rattenberg eingekerkert, wurde nach dem Beispiel des damals in Italien noch üblichen Inquisitionsprozesses (geheimes, schriftliches Verfahren, ohne Hinzuziehung eines Verteidigers oder von Geschworenen) mit ihm verfahren. Zwei Gerichtsbeamte aus Welschtirol sorgten für dieses unrühmliche Spektakel.

Es ist sogar noch das Protokoll der Untersuchungsrichter über die monatelange Quälerei vorhanden. Diese Untersuchungsrichter fällten auch das Urteil, und am 7. Juli 1651 wurde er hingerichtet. Es war ein Justizmord.

Über diese menschliche Tragödie gibt es viele Quellen und Nachweise der Vorgänge, auch Bücher (z. B. „Der Kanzler von Tirol", Hermann Schmid), ein Drama von Josef Wenter und ein Gemälde von 1890 von Karl Anrather aus Margreid.

Innsbruck verdankt Ferdinand das weltbekannte und viel verehrte Mariahilf-Gnadenbild von Lukas Cranach d. Ä., das sich heute im Dom zu St. Jakob befindet. Sein Vater, Leopold V., hatte sich dieses Bild, das von dem lutherischen

Kurfürsten von Sachsen als Kunstwerk aufbewahrt wurde, als Geschenk erbeten und auch erhalten.

Mit nur 34 Jahren und kinderlos starb er in Kaltern. Sein Bruder Sigmund Franz, Bischof von Trient, legte mit päpstlicher Dispens seine geistliche Würde nieder und übernahm 1663 die Regierung in Tirol. Er unterbindet als Erstes die luxuriöse italienische Hofhaltung.

Dieser hochgebildete Landesherr wollte die alten Ideale wiederherstellen. Kurz vor seiner Hochzeit mit der Pfalzgräfin von Sulzbach starb auch er, nur 34 Jahre alt. Nach wie vor gibt es Gerüchte, dass er vergiftet wurde. Mit Sigmund Franz erlosch die letzte tirolisch-österreichische Linie.

TIROL FÄLLT AN ÖSTERREICH LEOPOLD I.

Kaiser Leopold I., erst 17 Jahre alt, übernimmt 1665 die Regierung in Tirol und in den Vorlanden. Es blieb sein einziger Besuch in Tirol. Er bestellte eine Landesverwaltung. Der Landtag wurde nicht mehr oft einberufen. Er konnte auch nur mitbestimmen.

In Frankfurt wurde Leopold 1668 zum römisch-deutschen Kaiser gekrönt. Er stiftete die Innsbrucker Universität als Ausgleich für den Verlust eines Teils der Hofkanzlei, die nach Wien verlegt wurde. Die „Zentralbehörden“ verblieben in Innsbruck.

Ohne Regent verkümmerte Tirol innerhalb der habsburgischen Organisation zu einem Land, das, wie alle anderen auch, von Wien aus regiert wurde. Tirol war nicht mehr wichtiges Bindeglied zwischen Nord und Süd, es wurde zur politischen Bedeutungslosigkeit herabgestuft. Erstmals wurde vom „Haus Österreich“ oder von der „österreichischen Monarchie“ gesprochen und man verstand darunter nicht nur das Herrscherhaus selbst, sondern die Gesamtheit der von Österreich erblich beherrschten Länder.

Tirol und die Vorlande mussten immer wieder Truppen stellen und Steuern leisten, damit die Großmacht Österreich ihre Vormachtstellung behaupten konnte. Man versuchte den Tirolern klar zu machen, dass die Angriffe der Franzosen auf österreichische Gebiete am Rhein auch die Sicherheit der Tiroler berühren würde.

Auch bei den Türkenkriegen waren Tausende von Tirolern dabei, die nach dem Sieg bei Wien auf eine Rückkehr in die Heimat hofften. Leider verlagerten sich dann die Auseinandersetzungen in das südliche Ungarn, und als der Friede mit der Türkei 1699 Wirklichkeit wurde, drohte schon zwei Jahre später an einer ganz anderen Front weiteres Ungemach.

König Karl II. von Spanien starb 1700 ohne leibliche Nachkommenschaft. Kaiser Leopold I. und sein Schwiegersohn Maximilian Emanuel, Kurfürst von Bayern, waren die nächsten Verwandten. Als das Testament König Karls von Spanien bekannt wurde, waren alle überrascht. Er hatte nämlich das Testament zu Gunsten des französischen Prinzen und Herzogs von Anjou geändert.

DER SPANISCHE ERBFOLGEKRIEG

Der Protest Leopolds I. und die Argumentation der arglistigen Erschleichung nützten nichts, zumal nicht nur der Großvater des Herzogs, Ludwig XIV., voll auf der Seite seines Enkels stand; die Franzosen konnten auch den Kurfürsten Maximilian Emanuel von Bayern für sich gewinnen.

Damit hatte der Kaiser nicht gerechnet: Seinen eigenen Schwiegersohn als Gegner! Jetzt brach der so genannte Spanische Erbfolgekrieg aus. Zwar hatten die Tiroler anfangs mit der Sache nichts zu tun, aber 1703 unternahm der Kurfürst von Bayern mit einem durch Franzosen verstärkten gut ausgerüsteten Heer einen Angriff auf Tirol.

Auch als Kurfürst Maximilian von Bayern am 17. Juni 1703 mit 9000 seiner Krieger und 2500 Franzosen unvermutet die Grenzen von Tirol überschritt, glaubten die verantwortlichen Beamten in Innsbruck immer noch, dass der Bayer seinen eigenen Schwiegervater niemals angreifen würde.

Deshalb waren mit General Gschwind auch nur wenige kaiserliche Truppen im Land und die Befestigungsanlagen an den bayrischen Grenzen in vernachlässigtem Zustand. Die Schreckensbotschaft über den Einfall der Bayern erging sofort per Boten an die Fürstbischöfe von Brixen und Trient und an den Landeshauptmann an der Etsch. Alle waffenfähigen Männer im Alter zwischen 16 und 60 Jahren sowie alle Scharfschützen und Forstjäger sollten an die Grenzen gesandt werden.

Mittlerweile liefen weitere Hiobsbotschaften über das Vordringen der Bayern in Innsbruck ein und die Regierungsmitglieder dachten mehr an Flucht als an Widerstand.

Am 18. Juni ergriff Graf Althan die Initiative und brach mit den wenigen vorhandenen Kriegsleuten und der inzwischen versammelten Landmiliz gegen Rattenberg auf. Die Bayern hatten schon die Festung Kufstein und die Stadt erobert. Der Feind rüstete sich nun zum Angriff auf Rattenberg. Während in Hall und im ganzen unteren Inntal alles zu den Waffen griff, floh die Regierung aus Innsbruck. Auf ihren Fluchtwegen wurden sie aber aus Hass und Wut nicht selten von eigenen Soldaten ausgeplündert und zur Rückkehr gezwungen.

Am 25. Juni hatten die Bayern auch Rattenberg erobert und rückten jetzt im Inntal vor. General Gschwind zog sich auf den Brenner zurück. Die Herren in Innsbruck sandten Max Emanuel, der mittlerweile in Hall war, Botschafter, die an seine Huld und Gnade appellierten und um Schonung baten. Er empfing sie freundlich und akzeptierte die Unterwerfung der Regierung in Innsbruck.

Von dort wurde dann der Befehl erteilt, die Schützen aus der Scharnitz und den dortigen Grenzorten nach Hause zu entlassen. Als dies bekannt wurde, verließen auch die Soldaten bei Zirl ihre Verteidigungsstellen und auch die Landmiliz zog nach Hause. Die Bayern zogen jetzt in Innsbruck ein und einige ihrer Vorreiter tauchten kurze Zeit später schon in Matrei und Sterzing auf.

Der Landeshauptmann an der Etsch, Graf Sebastian Künigl, ernannte am 25. Juni in Bozen einen Verteidigungsrat und besuchte anschließend seinen Bruder, Kaspar Ignaz, den Fürstbischof in Brixen. Der hatte alle seine Untertanen schon unter Waffen und war zur Verteidigung bereit.

Zur gleichen Zeit kamen schon zwei Kammerboten von der Regierung in Innsbruck nach Bozen und forderten Kriegssteuer für die Bayern. Jetzt wurde jedem klar, was getan werden musste. Die damaligen Führer Anton von Cazan,

Ignaz von Troyer, Franz von Brandis unter General von Guttenstein mobilisierten alle Reserven, um die Bayern aufzuhalten.

Aus den unteren deutschen Etschländern erschienen selbst Adelige mit ihren Kämpfern, die Scheibenschützen von Bozen und die städtische Landmiliz schlossen sich an. Aus dem Eisacktal und vom Ritten kamen Tausende und zogen nach Brixen.

Auch der Landsturm im Burggrafenamt und in Meran erhob sich nun. In Partschins wurden am Abend des 26. Juni Kreidenfeuer entzündet, die Sturmglocken aus allen umliegenden Gemeinden läuteten und am andern Tag ertönten Warnschüsse vom Schloss Tirol.

Bauernscharen, mit einfachen Mitteln ausgerüstet, die ganze Ritterschaft und die Adeligen aus Marling, Lana, Ulten und Tisens unter ihrem Anführer Franz Adam Wilhelm von Brandis zogen nach Meran und von dort durch das Passeiertal dem Jaufen zu. Vereint mit den Scheibenschützen von Eppan und Bozen, rückte Brandis über den Jaufen nach Gasteig. Inzwischen war der kaiserliche General Guttenstein aus den unteren Etschlanden mit Fuß- und Reitervolk am Brenner angekommen.

Am 28. Juni rückten die ersten bayrischen Grenadiere und französische Dragoner, ohne auf Widerstand zu stoßen, in Landeck ein. Durch eine List einiger verwegener Landecker wurden sie aber zwei Tage danach gefangen genommen oder getötet.

Mittlerweile hatte der Kaiser aus Wien Landeshauptmann Künigl die Regierungsgewalt übertragen, da ja seine Innsbrucker sich den Bayern gebeugt hatten. Der ersann mit den Vertretern von Trient, Bozen, Meran und Brixen einen Plan, wie man die Bayern zum Brenner locken könnte, um ihnen dann in den Rücken zu fallen. Tatsächlich, am 20. Juli brach Maximilian mit seiner Armee von Innsbruck auf, um sich den Durchzug über den Brenner zu erzwingen. Aus allen Seitentälern und von allen Höhen wurde er angegriffen.

Zur gleichen Zeit stand das Landvolk in Hall und im unteren Inntal gegen die verhassten Besetzer auf und übte bittere Rache. Der Kurfürst erlitt eine große Niederlage, er kehrte um und verließ schon am 26. Juli Innsbruck. Das Inntal war ihm aber als Rückweg abgeschnitten und so musste er sich den verlustreichen Weg über Zirl und Reutte erzwingen.

Am 27. Juli zog General Guttenberg mit seinen Schützen, den kaiserlichen Husaren, den Südtiroler Scheibenschützen unter den Hauptfahnen von Bozen und Meran in Innsbruck ein. Kaum waren die letzten Gefechte bei Seefeld, Partenkirchen und Murnau verhallt, da kam die Nachricht, dass der französische Marschall Vendome – nach einer für Südtirol glücklichen Verspätung – nun von der Lombardei kommend, Trient bedrohe und Riva schon gefallen sei. Sein Plan war, sich in Südtirol mit dem Kurfürsten zu vereinen.

Sofort traf man in Trient die notwendigen Maßnahmen der Verteidung, ließ Brücken abbauen und verbesserte die Befestigungsanlagen. Von allen Seiten kamen nun wieder die Verteidiger nach Trient. Auch Graf Brandis, Cazan und die anderen, gerade vom Brenner und aus dem Inntal kommend, rückten zur Verteidigung an.

Obwohl Vendome mit seinen Soldaten die Feste Veruca bei Trient erobert hatte, musste er einsehen, dass für ihn ein weiteres Vorrücken im Etschland nicht möglich war. Außerdem dürfte er inzwischen von der Niederlage der Bayern erfahren haben. Er zog sich zurück.

Die Tiroler hatten sich nicht vor der Großmacht geduckt, sondern mehr als tapfer gekämpft, obwohl die Zentralbehörden in Innsbruck und Wien total versagt hatten.

Wie wir noch erfahren werden, wird dies nicht bei dem einen Mal bleiben. Die Wehrkraft Tirols stützte sich auf althergebrachte Tradition und auf Führer aus den eigenem Lande. Der Mut und die Liebe zum Vaterland machten den strategischen Plan einer Großmacht zunichte. Was blieb, war nicht nur der vollständige Erhalt des bisherigen Bestandes, sondern auch die Selbständigkeit und Freiheit.

Das Ausland nahm die Vorgänge mit großer Bewunderung für Tirol wahr. Auch die Geschichtsliteratur findet später nur Anerkennung für die tapferen Kämpfer.

Leider verleitete der Hass nach jenem Krieg die Landmiliz von Kufstein und von Scharnitz aus zu Vergeltungsschlägen in Oberbayern, die sogar unter der Führung eines Generals durchgeführt wurden. Es wurde bei Ettal die bayrische Landmiliz geschlagen und danach Plünderungen in Dörfern und Klöstern zugelassen.

1704 schlug eine englisch-österreichische Armee die französisch-bayrische und der Kurfürst musste Bayern verlassen. Das Land wurde nun von den kaiserlichen Truppen besetzt. Kaiser Leopold I. starb am 5. Mai 1705. Sein ältester Sohn, Josef I., übernahm die deutschen Erblande, und damit auch Tirol. Er starb schon 1711, kinderlos, auf einer Reise.

KAISER KARL VI.

Sein Bruder Karl VI. wurde sein Nachfolger. Er ließ in den ersten Jahren Tirol durch den Pfalzgrafen Karl Philipp von Neuburg und später wieder von Regierungsräten verwalten. Er führte den Mais (man nannte ihn damals türkischen Weizen) und die Kartoffel ein.

Wie in den anderen Ländern, so fand auch in Tirol 1720 ein Landtag statt. Auf diesem Landtag wurden die Teilnehmer unter anderem zur Einhaltung der von Kaiser Karl VI. erlassenen „Pragmatischen Sanktion" verpflichtet. Diese einheitliche Thronfolgeordnung regelte die Erbfolge nach dem Erbrecht der Erstgeburt in männlicher und weiblicher Linie für alle erblichen Länder des Hauses Habsburg-Österreich. Dieses Gesetz verfügte auch die dauernde Unteilbarkeit dieser Union. Gleichzeitig wurde für alle Schießstände eine neue Ordnung erlassen und die Landmiliz neu organisiert.

KAISERIN MARIA THERESIA

Als Kaiser Karl VI. 1740 starb, hinterließ er keine männlichen Erben. Seine 24 Jahre alte Tochter, Maria Theresia, wurde seine Thronfolgerin. Sie war gerade erst mit Franz Stephan von Habsburg-Lothringen, Großherzog von Toskana, verheiratet. Ihr vollständiger Titel lautete „Königin von Ungarn und Böhmen, Erzherzogin von Österreich usw., gefürstete Gräfin von Tirol".

Bei der Übernahme der Regierung erklärte sie, dass sie ihr Amt in den erblichen Königreichen und den Ländern Österreichs nach den Gesetzen der Pragmatischen Sanktion wahrnehmen würde, und bestimmte zugleich ihren Gemahl, den Herzog Franz von Lothringen und Großherzog von Toskana, zum Mitregenten. Die von ihr als Druck veröffentlichte Proklamation wurde jedoch von den angrenzenden Regierungen nicht anerkannt. Im Gegenteil, sie stellten territoriale Ansprüche an die Erben von Kaiser Karl VI. Es kam zum Österreichischen Erbfolgekrieg .

DER ÖSTERREICHISCHE ERBFOLGEKRIEG

Innerhalb eines Jahres erhoben die Könige von Preußen, Polen und Spanien sowie der Kurfürst von Bayern Ansprüche auf Teile der österreichischen Monarchie. Sie alle wussten um die Sympathie, die ihnen der König von Frankreich in ihrer fragwürdigen Sache offen entgegenbrachte.

Trotz mehrerer Husarenregimenter aus Ungarn und der Hilfe von den Königen von England, Holland und Sardinien dauerte der Krieg sieben Jahre, der zunächst 1748 mit dem Vertrag von Aachen zu Ende ging, wobei ein Teilverlust von Schlesien zu beklagen war. Auch der nachfolgende Preußenkrieg hatte keinen großen Einfluss auf Tirol, wenn man davon absieht, dass 1744 ein Landregiment der österreichischen Armee zur Verfügung gestellt werden musste. Der Gemahl von Maria Theresia wurde 1745 als Franz I. zum römisch-deutschen Kaiser gewählt. Er starb aber schon 1765 in Innsbruck während der Hochzeitsfeier seines Sohnes Leopold.

KAISER JOSEF II.

Der älteste Sohn von Maria Theresia, Josef II., wurde 1765 zum deutschen Kaiser und von seiner Mutter zum Mitregenten der österreichischen Monarchie gewählt. Die

Kaiserin starb 1780. Der neue Kaiser ließ Kirchengebote nur dann gelten, wenn sie vom Kaiser angenommen und zu Staatsgesetzen erklärt waren.

Er schloss Klöster und Kirchen und verbot den Ordensleuten direkten Kontakt mit ihren Ordensgeneralen in Rom, ohne vorherige Einsicht in den Schriftverkehr. Wertvolles Kulturgut wurde verbrannt oder verschwand. Der Klerus wurde in bestimmten Situationen vom Schuldienst ausgeschlossen.

Papst Pius VI. versuchte während seines Besuches in Wien den Kaiser umzustimmen, jedoch ohne Erfolg. Auch im weltlichen Bereich versuchte dieser Kaiser alles, was zur Zentralisierung der Macht in Wien beitrug.

Dabei überging er die über Jahrhunderte gewachsenen Besonderheiten der einzelnen Länder. Bestehende Organisationen in Gemeinden, Städten und Dörfern wurden zerschlagen und Privilegien aufgehoben sowie gewählte Institutionen mundtot gemacht. Er ließ Festungen abtragen und Waffen einsammeln.

Jetzt murrten nicht nur die Tiroler. Auch die Ungarn zeigten ihre Unzufriedenheit. Die österreichischen Niederländer drohten sogar mit offenem Aufstand. Außerdem wurde plötzlich seine Schwester, Maria Antoinette, Königin von Frankreich und ihr Gemahl, Ludwig XVI., von den eigenen Untertanen bedroht.

LEOPOLD II.

Josef II. stirbt 1790 in Wien, erst 49 Jahre alt, sein ältester Bruder, Leopold II., wird Nachfolger. Die Stimmung in Tirol war äußerst gespannt, und so blieb ihm wohl mehr aus politischer Klugheit als aus Überzeugung nichts anderes übrig, als sofort einen Landtag in Innsbruck einzuberufen, auf dem er viele der von seinem Vorgänger getroffenen Entscheidungen wieder zurücknahm und scheinbar die alte Ordnung wieder einführte. Zwei Jahre später starb auch er. Leopolds Sohn, Franz II., 24 Jahre alt, wurde nun der Nachfolger in den österreichischen Erblanden und auf dem deutschen Kaiserthron.

DIE FRANZOSENZEIT
KAISER FRANZ II.

Um den Wirren und Guillotinen der Französischen Revolution zu entkommen, suchten auch viele französische Geistliche Zuflucht in Tirol. Kaiser Franz II., mit vielen Mächtigen Europas zu jener Zeit, rüstete zum Krieg gegen die Franzosen. Seine Schwester Maria Antoinette war inzwischen hingerichtet, genauso wie ihr Mann, der König von Frankreich.

Die Armeen trafen aber auf ein Frankreich, das sich für ein großes Ziel verbrüdert hatte. Während ein Teil der französischen Armeen das Vaterland erfolgreich verteidigten, schlug die Hauptarmee unter General Napoleon Bonaparte zuerst den König von Sardinien, handelte kurz darauf mit den Herzögen von Parma und Modena einen Waffenstillstand aus und eroberte bis auf die Festung Mantua die österreichische Lombardei. Im Mai 1796 stand Napoleon schon vor Brescia.

Als man in Tirol davon erfuhr, erfolgte sofort ein Aufruf zur Bewaffnung und zur Landesverteidigung. Nun zeigte sich die ganze Tragik der von Kaiser Josef veränderten Ordnung. Viele Festungen waren auf seinen Befehl hin abgetragen und nicht funktionsfähig und es gab weder Gewehre, Munition, Proviant und schon gar kein Geld für Soldaten.

Einmal mehr waren es die Hochstifte in Brixen und Trient, die zum Sammelpunkt der tirolischen Stände und der Heerscharen wurden. Am 1. Juni 1796 wurde von den Landschaften das Gelübde abgelegt, alljährlich ein Herz-Jesu-Fest zu feiern. Dieses Gelübde wird bis zum heutigen Tag zumindest in Südtirol eingehalten.

Gleichzeitig wurde beschlossen, aus den einzelnen Bezirken Tausende Verteidiger aufzubieten. Wegen fehlender Organisation sollten die Männer in Kompanien zu je 120 Mann anrücken und sich ihre Offiziere selbst erwählen. Nur die Oberkommandeure und deren Stellvertreter wurden ernannt.

Bonaparte sandte aus Italien ein Schreiben an die Tiroler, worin er sie als tapferes und biederes Volk lobte und die Österreicher schlecht machte. Alles, was er von ihnen erwarte, sei ein ungehinderter Durchzug. Er würde alles, was seine Soldaten im Land benötigten, bezahlen und alle Rechte und Religionen achten. Im Falle eines Widerstandes sollten sie aber schrecklich gezüchtigt werden.

Natürlich traute in Tirol dem Wort des Franzosen niemand, und so verlegte man sofort 6000 Soldaten an die Südgrenzen von Südtirol. Ende Juli begannen durch Südtirol die Durchmärsche der kaiserlichen Hilfstruppen. 30.000 Mann zogen Richtung Italien. Trotzdem schafften es die Franzosen, am 5. September Trient einzunehmen. Am 2. November marschierten die Franzosen weiter nach Norden. Erst jetzt griffen auch die kaiserlichen Truppen ein. Trient wurde am 5. November wieder zurückerobert und der weitere Vormarsch kam vor Mantua zum Stehen.

Während man sich in Südtirol noch öffentlichen Dankgebeten für die Rettung des Vaterlandes hingab, trat in Italien schon eine verhängnisvolle Wende ein. Der bisherige Sieger, General Alvinci, erlitt in Italien durch Bonaparte eine bittere Niederlage und musste sich mit seiner kaiserlichen Armee durch das Pustertal bis nach Kärnten zurückziehen. Nur ca. 3000 Mann, unter Generalmajor Liptai, blieben zur Deckung der Grenzen in Südtirol zurück.

Schon zog der französische General Joubert am 28. Januar in Riva und zwei Tage darauf in Trient ein. Als die Franzosen schon am 22. März 1796 in Salurn einrückten, zogen sich die Tiroler über das Nonstal, Terlan nach Meran zurück. Die Stellungen wurden jetzt auf der Töll aufgebaut, um den Vinschgau zu decken.

Die südlichen Verteidiger mussten sogar ihren Sitz von Bozen nach Sterzing verlegen. In den darauf folgenden Wochen und Monaten wurden in den Tälern von Südtirol tragische Schlachten geschlagen.

Am 2. April 1797 stürmten die österreichischen Truppen zusammen mit der Tiroler Landmiliz auf die französischen Stellungen im Eisacktal zu. Aus Sonnenburg, Rettenberg, Axams und Stubai kam ebenfalls Unterstützung, um bei Spinges die Eindringlinge zu vertreiben. Allerdings gab es weder Sieger noch Besiegte.

Die Bauernmagd, die mit einer Heugabel beim Friedhof von Spinges in den Kampf mit den Franzosen eingriff, ging in die Geschichte und Literatur als „Mädchen von Spinges“ ein.

Die restlichen Streitkräfte in Südtirol vertrieben die Franzosen aus Bozen und Brixen. Das hatte zur Folge, dass die zurückweichenden Franzosen, durch das Pustertal Richtung Osten ziehend, sich dort mit der Hauptarmee Napoleons vereinten, die inzwischen durch das Friaul, Kärnten und die Steiermark vorgerückt war. Jetzt mussten fernab von Südtirol, in Kärnten und in der Steiermark, die Kaiserlichen 1797 den Franzosen weichen, und so kam es zu dem Waffenstillstand von Campoformio, der nicht lange Bestand hatte.

Nachdem Napoleon 1801 auf ungewöhnlichem Weg, nämlich über den San Bernardino, seinem General Massena, der in Genua von den Österreichern eingeschlossen war, erfolgreich zu Hilfe kam und Prinz Johann die Schlacht bei Hohenlinden in Schwaben verlor, kam es am 9. Februar zum Frieden von Luneville. Dort wurde vereinbart, dass das ganze Gebiet des Deutschen Reiches westlich des Rheins an Frankreich fällt.

Diejenigen Fürsten, welche Länder oder Teile davon an Frankreich abtreten mussten, erhielten als Entschädigung nun solche aufgehobene (säkularisierte) Fürstentümer, Abteien oder Stifte östlich des Rheins. Die aus diesem Frieden resultierenden neuen Gebietsaufteilungen betrafen Südtirol insofern, als den Österreichern, und damit dem Land Tirol, jetzt die geistigen Fürstentümer Brixen und Trient zugesprochen wurden. Durch den Beschluss des Reichstages wurden dann alle geistlichen Fürstentümer aufgehoben.

Die kaiserliche Regierung in Wien verlangte von den tirolischen Ständen 1802 die sofortige Erstellung einer Landmiliz von 20.000 Mann, die stets vollzählig zu erhalten sei und von denen sich die Hälfte fortwährend in Waffen üben müsste.

Inzwischen hatte sich General Bonaparte selbst zum Kaiser Napoleon ernannt. Dieses Ereignis veranlasste nun auch Kaiser Franz, sich 1804 zum Kaiser von Österreich küren zu lassen. Das Ende des Heiligen Römischen Reiches

Deutscher Nation zeichnete sich damit ab. Er erklärte mit Einverständnis der Engländer und Russlands den Franzosen den Krieg. Kurze Zeit später aber stand Napoleon vor Wien. Das aus Russland herbeigerufene Heer wurde 1805 bei Austerlitz in Mähren, in der so genannten Dreikaiserschlacht, besiegt. Wieder war Waffenstillstand angesagt.

Die Tiroler wurden zu den Waffen gerufen, um die nördlichen Grenzen gegen die Bayern zu verteidigen, die ja zusammen mit den Franzosen ihre eigenen Interessen verfolgten. Trotzdem rückte der französische General Ney am 6. November in Innsbruck ein. Am 26. Dezember kam es zum Frieden zu Preßburg, dessen Inhalt aber nicht zur Freude der Tiroler abgefasst wurde.

Österreich musste die Vorlande am Oberrhein, Schwaben, Vorarlberg sowie Tirol und Venetien an Napoleon abtreten. Die erstgenannten Gebiete erhielten die neuen Verbündeten von Frankreich, nämlich: das Großherzogtum Baden, das Königreich Württemberg und das Königreich Bayern, das Vorarlberg und Tirol erhielt.

TIROL FÄLLT AN BAYERN

Kaiser Franz II. musste Tirol und Vorarlberg an Maximilian Josef von Bayern abtreten, weil dieser auf der Seite Napoleons gekämpft hatte und jetzt seinen Lohn bekam. Am 11. Februar 1806 übergaben Beamte aus Innsbruck die Landesregierung an Bayern.

Im gleichen Jahr war Bayern erst Königreich geworden, nachdem es sich auf Grund der Säkularisierung geistlicher Fürstentümer in der Nachbarschaft und durch die Zuteilung von Tirol und vieler Städte um über 100 Prozent vergrößert hatte. Es stand auch unter dem Protektorat von Napoleon, mit der Verpflichtung, für ihn Kriegsdienste zu leisten.

Obwohl noch der Delegation von Ständen in München am 1. Februar bei der Aufwartung von Maximilian Josef versichert wurde, dass die Verfassung erhalten bleiben soll, war 1809, drei Jahre später, alles anders. Die Ständevertretung und die Landesrechte werden außer Kraft gesetzt, kirchliches Brauchtum verboten, die Bischöfe von Chur und Trient müssen das Land verlassen. Die jungen Tiroler werden sogar gezwungen, in der verhassten bayrischen Armee zu dienen. Der Name Tirol wurde verboten und durch Südbayern ersetzt.

Auch die Gymnasien in Meran, Bozen, Lienz, Hall und Rovereto wurden aufgehoben. Sogar die Kirchenglocken durften kurzzeitig nicht mehr läuten.

Nach dem Frieden von 1809 verzichtete Kaiser Franz von Österreich, sich dem Machtstreben Napoleons entgegenzustemmen, obwohl ihm das von seinem Außenminister Graf Metternich empfohlen wurde. Er entsprach sogar Napoleons Wunsch und stimmte der Vermählung mit Erzherzogin Maria Luise, seiner eigenen Tochter, zu.

Einer der nach Wien geflüchteten Patrioten aus Tirol, Josef von Hormayr, unterbreitete 1812 Erzherzog Johann den Plan, in den österreichischen Alpenländern, besonders in Tirol, einen Aufstand zu entfachen, sobald in Europa ein Widerstand gegen Napoleon sichtbar werde. Als Metternich davon erfuhr, ließ er am 7. März Hormayr festsetzen, um das gute Verhältnis zu Napoleon nicht zu gefährden.

ANDREAS HOFER

Andreas Hofer, Sandwirt und Oberkommandant von Tirol, kam im Haus „Zum Sand“, das sein Vater führte, bei St. Leonhard im Passeiertal bei Meran 1767 zur Welt. Schon mit 23 Jahren vertrat er sein Tal auf dem Landtag von Innsbruck. Er ging als erster Tiroler Nationalheld in die Geschichte ein.

Durch die radikale Abberufung vieler beliebter Pfarrer und Geistlicher begann die Volksseele zu kochen. Besondere Aufregung herrschte im Passeiertal, wo der Seelsorger von St. Martin, weil am rechten Ufer liegend und deshalb zum Bistum Chur gehörend, abgelöst wurde. Die Unruhe spürte auch der bayrische Kommissar Kreishauptmann Johann von Hoffstetten. Er erwirkte von seiner Regierung die Entsendung von 1000 Soldaten aus Schwaben. 500 ließ er über den Vinschgau und Meran nach St. Martin vorrücken. Die anderen 500 Soldaten über Innsbruck und den Jaufen nach St. Martin hinuntersteigen. Zur Überraschung von Hoffstettens verhielt sich jedoch die Bevölkerung noch ruhig.

Einige Provokationen seinerseits bewirkten nur, dass sich einige mutige Männer (Peter Gruber, Gastwirt in Bruneck, und Nössing, Kaffeehausbesitzer in Bozen) unter Führung des Sandwirts von Passeier, Andreas Hofer, nach Wien begaben. Hofer kannte Erzherzog Johann noch aus früheren Kriegsjahren. So trugen sie ihr Anliegen vor und baten den Kaiser, entweder auf den Bayern-König einzuwirken, die Übel abzustellen, oder Tirol wieder an das österreichische Haus zurückzuführen.

Der kaiserliche Hof vertröstete die Männer und bemerkte, dass es demnächst ohnehin zum Bruch mit Napoleon und dessen Helfern kommen würde. Sie sollten nach Hause gehen und sich bereithalten für den nicht allzu fernen Tag, an dem sich seine Majestät der Kaiser als Landesvater von Tirol wieder zu erkennen geben würde. Danach wurden sie noch vom Oberbefehlshaber der österreichischen Armee, Prinz Johann, über weitere Ausführungen des Plans eingeweiht. Auch lernten sie den später wichtigen Vermittler und Hofkommissar Baron von Hormayr kennen.

Die Südtiroler kehrten auf getrenntem Wege hoffnungsvoll nach Hause zurück. Andreas Hofer, der im ganzen Land als Wirt und als Pferdehändler bekannt war, nahm den Weg über Salzburg. Unterwegs informierte er Männer, die sein absolutes Vertrauen besaßen, über die bevorstehenden Veränderungen.

Am 9. April 1809 erklärte Kaiser Franz Josef Napoleon den Krieg. Eine Armee von 15.000 kaiserlichen Soldaten aus der Steiermark, Salzburg und aus Kärnten sowie Geschützen und Reitern überschritt die Grenzen von Tirol und wurde im Pustertal mit Freudenschüssen begrüßt.

ERSTE BEFREIUNG TIROLS

Schon Tage zuvor übermittelte ein verkleideter Bote Andreas Hofer ein Schreiben von Baron von Hormayr mit Anweisungen über den Ernstfall.

Am 9. April war deshalb Andreas Hofer auch in der Lage, seine „Offene Ordre“ weiterzugeben. Darin enthalten waren die Besetzungen und Sperrungen wichtiger Posten durch Ortsleute im Eisack- und Pustertal, das Verhalten gegenüber bayrischen Beamten und Staatsdienern sowie gegenüber dem Staatsbesitz selbst. Außerdem wurden Anführer bestimmt. Von dieser „Ordre“ wurden Abschriften gemacht und an verschiedene Personen gesandt, u. a.

auch an Josef Speckbacher, Bauersmann zu Rinn, der mit anderen für das untere Inntal zuständig war.

Französische und bayrische Heeresabteilungen, die sich jetzt noch in den Tälern von Südtirol befanden, wurden von den Bauern mit großer List angegriffen. Besonders traf es den Franzosengeneral Bisson, der sich gerade bei Brixen befand und nach Augsburg wollte. Er konnte sich nur mit Mühe und Not, nachdem er sich zuvor ergeben hatte, über den Brenner nach Mittenwald retten.

Inzwischen war die österreichische Armee in der Nähe des Eisacktales eingetroffen. Andreas Hofer hatte seine Leute im Passeiertal aber schon gesammelt und war noch in der Nacht über den Jaufen Richtung Gasteig gezogen. In einer Schlacht, bei der auch die Bevölkerung auf der Seite der Südtiroler stand, wurde eine Überzahl von gut ausgerüsteten Bayern besiegt. Das Gleiche gelang Speckbacher in der Nähe von Hall. Jetzt war es möglich, den Landsturm in diesen Gebieten zu aktivieren.

Auch um Innsbruck herum, vornehmlich auf den Anhöhen, versammelten sich am 12. April nun die Aufständischen. Alle Bayern hatten sich in die Innenstadt zurückgezogen und Soldaten und Kanonen bewachten alle Eingänge. Um 8 Uhr waren die Bauern schon in der Vorstadt und eine Stunde später in der Innenstadt. Innsbruck war gefallen! Am Abend kehrten die meisten Bauern wieder auf ihre Höfe zurück.

Am gleichen Abend kam ein Bote mit der Nachricht, dass 2500 Franzosen und Bayern von Sterzing her im Anmarsch seien, allerdings verfolgt von Andreas Hofer und seinen Mannen.

Frühmorgens wurden am 13. April in Innsbruck durch Sturmläuten alle aus dem Schlaf gerissen. Ein bayrischer

Leutnant sprengte vom Bergisel herab, um seinem Vorgesetzten in Innsbruck seine Ankunft zu melden, nicht wissend, was tags zuvor sich abgespielt hatte.

An der Triumphpforte wurde er aber von einer Kugel empfangen. Sofort erkannten die Soldaten die Situation und formierten sich vor der Stadt. In der Stadt, gerade vom Schlaf erwacht, begann man, Tor und Gassen auf eine Verteidigung vorzubereiten. Die um Innsbruck versammelten Tiroler rückten ebenfalls von zwei Seiten her an. Die Stubaier Schützen formierten sich vom Bergisel aus im Rücken der Bayern und Franzosen.

Der in Innsbruck gefangene General und Statthalter war zu Verhandlungen über eine Waffenruhe bereit, nicht aber der bayrische und der französische General. Ein Versuch, die Stadt doch mit Gewalt zu erobern, endete schon nach 30 Minuten und mit vielen Toten bei den Franzosen, denn inzwischen waren wieder Tausende Landstürmer aufgetaucht und bereit, einzugreifen.

Nach zähen Verhandlungen unterzeichneten alle Offiziere und die Generalität eine Kapitulationsurkunde. Danach übergaben die besiegten Soldaten bereitwillig ihre Waffen den Aufständischen. Alle zogen jetzt gemeinsam in Innsbruck ein. 6000 Gefangene wurden gemacht. Das war die erste Schlacht am Bergisel, die im Wesentlichen nur von den Schützen und Stürmern der Umgebung geführt und entschieden wurde.

In Bozen versammelten sich unter General Fenner die Etschländer Schützen, die Kompanien aus Meran und dem Vinschgau und trieben die noch vorhandenen Franzosen nach Italien. Andreas Hofer kehrte vom Brenner, ohne nach Innsbruck gegangen zu sein, nach Meran zurück. In der folgenden Zeit sorgte er für Ordnung innerhalb der Soldatengruppen und überwachte die korrekte Behandlung der Gefangenen. Denn sonderbare Dinge trugen sich zu: So suchten viele Beamte, um der Volkswut zu entkommen, bei denen Schutz, die sie vorher vertrieben und ins Gefängnis geworfen hatten. Auch der viel gehasste Kreisdirektor zu Brixen, von Hoffstetten, suchte Schutz beim Bischof, der ihm auch gewährt wurde.

Eigentlich hatten die Tiroler sich selbst befreit und die kaiserlichen Truppen hatten nur die Aufgabe, hinter den Siegern herzuziehen, um die Gefangenen in Empfang zu nehmen.

In einer Proklamation, die der Kaiser an die Tiroler am 18. April 1809 richtete, hieß es: „Das Haus Österreich ergreife wieder von dem ihm schon seit 450 Jahren gehörenden Lande Tirol Besitz, weil der König von Bayern durch Aufhebung der Verfassung und Einheit Tirols den Vertrag von 1805 gebrochen habe." Eine Begründung, die auch am Hofe in Wien von verschiedenen Beamten als fragwürdig angesehen wurde. Die Mehrheit der Tiroler war aber sicher, dass durch diese Proklamation Kaiser Franz wieder rechtmäßiger Landesfürst geworden war.

ZWEITE BEFREIUNG TIROLS

Aber das Glück währte nicht lange. Am 20. und 22. April musste Erzherzog Karl bei Abensberg und Eggmühl eine herbe Niederlage einstecken und im Mai marschierte Napoleon gegen Wien. Bald war Tirol wieder von drei Seiten bedroht.

Zwei Abgesandte der Stände aus Tirol trafen am 25. April Kaiser Franz bei Linz und baten ihn um Unterstützung in Form von Munition, Kriegsgerät und Geld. Der Kaiser lobte die treuen Tiroler, die alle seine Erwartungen übertroffen hätten, und gab ihnen Geld, das die beiden auch mit List und Tücke nach Hause brachten.

Der französische Marschall Lefebrve, Herzog von Danzig und ein geborener Elsässer, stand aber schon mit drei bayrischen Heeresabteilungen vor den nördlichen Grenzen Tirols. Der kaiserliche Oberbefehlshaber für Tirol, General Chasteler, unterschätzte zunächst die Gefahr. Den Angriff leitete der bayrische General Wrede am Pass Strub am 10. Mai ein. Trotz heftiger Gegenwehr mussten sich die Tiroler geschlagen geben und flüchteten in die Gegend von Pillersee.

Schon am 13. Mai wurde der unvorsichtige General Chasteler bei Wörgl geschlagen. Auf seiner Flucht Richtung Brenner wurde er von den eigenen Leuten der Feigheit und Unfähigkeit bezichtigt. Auch Oberstleutnant Taxis und der Landsturm unter Speckbacher leisteten bei Schwaz den Bayern noch vergeblichen Widerstand. Schwaz wurde wegen Widerstands in Brand gesteckt und geplündert.

General Chasteler floh jetzt mit seiner Armee ins Pustertal, in der Hoffnung, sich dort mit der Armee des Prinzen Johann vereinigen zu können. Sicherlich gab es noch einen anderen Grund: Napoleon hatte Chasteler und den kaiserlichen Botschafter Hormayr in die Acht genommen und für vogelfrei erklärt.

Andreas Hofer hatte an der südlichen Grenze mit seinen Soldaten erreicht, dass die Franzosen am 3. Mai von Trient wieder abgezogen waren. Er wollte mit seinen Leuten zum Brenner vorrücken, wenn sich die Kompanien vom Burggrafenamt und Vinschgau nach Sterzing auf den Weg machen würden. Das geschah auch. Hormayr und die von Andreas Hofer ernannten Führer, Peter Mayr (Etschland), Pater Joachim Haspinger (Eisacktal), Josef Speckbacher (Unterinntal) und Martin Teimer (Oberinntal), versuchten die Schützenkompanien wieder zu mobilisieren. Aber schon am 20. Mai zog General Wrede in Innsbruck ein, in dem festen Glauben, damit auch das Land erobert zu haben.

Am 22. Mai traf Andreas Hofer mit 6000 Schützen und Landstürmern in Sterzing ein. Bestürzt erfuhr er, dass General Chasteler mit seinem ganzen Heer über das Pustertal nach Kärnten abgezogen war. Auch der kaiserliche General Ignaz von Buol-Bernberg wollte mit seinen Soldaten das Gleiche tun. Hofer flehte ihn an zu bleiben. Es waren seine Soldaten, die den General überzeugten, zu bleiben. Das Oberkommando wollten aber alle in der Hand des Sandwirts sehen.

Speckbacher hatte vom Sandwirt die Vollmacht, die Unterinntaler wieder aufzubieten. Schon zwei Tage später führte er die meist am rechten Innufer aufgebotenen Männer dem Sandwirt zu. Dieser hatte die herangeführten Passeirer, Schennaer, Algunder, Maiser und Meraner, Marlinger, Lanaer sowie die Vinschgauer, Sarntaler, Rodenecker, Pustertaler und Grödner generalstabsmäßig am Bergisel aufgestellt.

Der Kampf um Innsbruck und die ganze Umgebung dauerte fünf Tage. Zeitweilig schien den Kontrahenten die Munition auszugehen. Gerade rechtzeitig schickte General Buol, der mit 2000 Soldaten am Brenner zurückgeblieben war, Nachschub, und auch die Oberinntaler trafen zum richtigen Zeitpunkt im Rücken der Bayern ein. Am 29. Mai zogen wieder die Tiroler in Innsbruck ein.

Da erreichte alle die freudige Nachricht, „dass die französische Hauptarmee unter Napoleons eigener Führung am 21. und 22. Mai von den Kaiserlichen bei Aspern geschlagen worden ist“. Wieder richtete Kaiser Franz eine Erklärung an die Tiroler mit dem Inhalt, dass er in dem nun folgenden Friedensschluss die Wiedervereinigung Tirols mit Österreich durchsetzen wollte.

Baron von Hormayr vertrat nun die Landesregierung mit Sitz in Innsbruck. Da er bei der Wiedereinführung der alten

Ordnung zauderte, war er im Volke nicht beliebt. Obwohl er den Sandwirt über alle Maßen und bei jeder Gelegenheit lobte, nannte er ihn immer nur „Oberkommandant von Passeier und Südtirol“. Für das Inntal ernannte er Major Teimer zum Oberanführer, der von Andreas Hofer keine Befehle zu empfangen hatte.

DRITTE BEFREIUNG TIROLS

Nur wenige Wochen blieb Tirol befreit. Die kaiserliche Hauptarmee hatte wieder einmal eine Schlacht verloren. Es war bei Wagram, am 9. Juli, und nach dem darauf folgenden Waffenstillstand zwischen Österreich und Frankreich, am 12. Juli, sollten die Österreicher Tirol ganz räumen. Die Kriegsdepesche von Prinz Johann traf jedoch erst am 29. Juli in Tirol ein. Danach sollten die Generäle mit ihrem Militär das Land Tirol verlassen, sich aber bei dem Abzug möglichst viel Zeit lassen.

General Buol machte nun den Auftrag zum Abmarsch öffentlich bekannt. Die Bestürzung bei der Bevölkerung und bei den Aufständischen führte so weit, dass sich selbst eine Gruppe von den Mutigsten den abziehenden Soldaten in Richtung Pustertal anschloss, um der Rache der Bayern zu entgehen. Dazu gehörten nicht nur Major Teimer, sondern auch der kaiserliche Hofkommissar Baron von Hormayr.

Marschall Lefebvre zog mit seiner gesamten bayrischen Armee einschließlich der sächsischen Hilfstruppen von ca. 25.000 Soldaten am 30. Juli über Strub, St. Johann, Schwaz und Hall in Innsbruck ein. Weitere französische Generäle kamen vom Süden, die anderen über das Pustertal, Achental, Scharnitz und Reute. Nach wenigen Tagen standen in dem kleinen Tirol über 30.000 Soldaten unter dem Kommando von Napoleon.

Andreas Hofer traf auf seinem Rückzug bei Sterzing den letzten abziehenden hohen kaiserlichen Offizier, Oberstleutnant Taxis.

Seine Bitte, in dieser verzweifelten Lage die Tiroler nicht im Stich zu lassen, fand kein Gehör. Hofer begab sich am 1. August in seine Heimat, nach Passeier. 24 Stunden später brach Marschall Lefebvre in Richtung Brenner auf. Zuvor hatte der Marschall bei Todesstrafe die Auslieferung aller Waffen gefordert. Zudem sollten alle „Kommandanten des Aufruhrs" gegen eine hohe Belohnung festgenommen werden.

Andreas Hofer verbarg sich jetzt und informierte seine vertrauten Kampfgenossen anhand von Berichten, die folgendermaßen endeten: Andreas Hofer, Ober-Kommandant von Passeier, dermalen wo ich bin. In diesen Berichten bat er seine Freunde, falls sie mit einverstanden wären, von neuem den Landsturm aufzustellen. Sobald dies geschehen sei, würde er mit seinen Passeirern und Meranern dazustoßen.

Überall sammelte sich jetzt der Widerstand, und es gab schon gleich heftige Gefechte, zunächst aber an Stellen, wo die Einheimischen auf Grund der Ortskenntnisse die Oberhand behielten. Auch im Eisacktal spielten ein paar hundert Tiroler mit der Armee von Lefebvre Katz und Maus und erbeuteten wertvolles Kriegszeug. Er selbst rückte nun aus, um mit 2000 Soldaten Brixen zu erobern, musste aber sehr bald und verlustreich wieder nach Sterzing umkehren.

Inzwischen war Andreas Hofer, es war mittlerweile der 7. August, mit 2000 Streitern über den Jaufen geeilt und dabei, dem Feind in den Rücken zu fallen. Leider erhielt er am gleichen Tag die Hiobsbotschaft, dass die Franzosen von Trient her nach Bozen vorrückten. Er ernannte den

Überbringer der Nachricht, Jakob Torggler, zum Kommandanten. Die sofortige Mobilmachung des Landsturms im ganzen Etschtal war so gewaltig, dass die Franzosen in wenigen Tagen nach Rovereto zurückgedrängt werden konnten.

Mehrere Versuche der Bayern und Franzosen, am 8. August, in drei verschiedenen Gruppen von Sterzing nach Stilfes, Tschöfs und nach Brixen vorzudringen, wurden verlustreich zunichte gemacht. Aber damit nicht genug. Inzwischen hatte Peter Mayr mit Haspinger Mauls zurückerobert. Hofer stieß am 9. August zu dieser Gruppe und in wenigen Stunden erhoben sich die Bewohner der Seitentäler um Sterzing, in Ridnaun und am Brenner und trieben die Eindringlinge nach Innsbruck zurück. Am 11. August sammelte Lefebvre zusammen, was die vorausgegangenen Kämpfe überlebt hatte.

Inzwischen war Andreas Hofer mit einem großen Aufgebot aus dem Etschtal, dem Wipptal und dem Eisacktal, wie vor wenigen Wochen, wieder am Bergisel. Im Pustertal wütete zur gleichen Zeit General Ruska, der mit 4000 Soldaten die Stadt Lienz und weitere Ortschaften schon geplündert hatte und auf dem Wege nach Bruneck und Sterzing war. Die Grausamkeiten, die General Ruska an der Bevölkerung verübte, schweißten die Pustertaler zusammen. Es dauerte nicht lange, da musste er sich seinen Rückzug nach Kärnten sogar erkämpfen.

Die Bayern brachten nun Verstärkung. Von Landeck aus versuchten am 8. August 1700 Bayern über den Vinschgau Andreas Hofer bei Sterzing in den Rücken zu fallen. Bei dem Dorf Prutz wurden sie aber von den Tirolern in einen Hinterhalt gelockt, der nicht nur einen Abbruch der Aktion zur Folge hatte. Die Einheimischen machten viele Gefangene. Auch in Imst wurden die Bayern geschlagen. Jetzt wurde es auch in der Hauptstadt Innsbruck unruhig.

Am 13. August beschloss Marschall Lefebvre mit seinen 25.000 Mann den Tirolern am Bergisel eine Entscheidungsschlacht zu liefern. Hofer hatte alles, was an Soldaten, Schützen und Landwehr aufzubieten war, versammelt.

Um 7 Uhr begann der Kampf auf allen Seiten loszubrechen. Um 14 Uhr stürmte eine Woge von Bayern ohne Unterlass den Bergisel. Immer wieder konnten sie zurückgeschlagen werden. Am späten Abend zogen sich die Franzosen und Bayern zuerst nach Innsbruck und in der Nacht vom 14. auf den 15. August in Richtung Salzburg zurück.

Tirol war ein drittes Mal befreit. Andreas Hofer zog in Innsbruck unter dem Jubel der Bevölkerung ein. Man sah in ihm den legitimen Stellvertreter des Kaisers und nannte ihn jetzt den Oberkommandanten von Tirol. Mit verschiedenen Verordnungen und Bekanntmachungen versuchte er Ordnung in die von Kriegswirren gebeutelten Gemeinschaften zu bringen. Sogar Münzen wurden geprägt.

Am 28. September brachten ihm zwei Abgesandte des Kaisers, die zusammen mit den österreichischen Generälen in der kritischen Zeit das Land verlassen hatten, als Zeichen des kaiserlichen Dankes und der Anerkennung eine goldene Gnadenkette mit Verdienstmedaille und 3000 Dukaten als erste Rate zur Unterstützung des Landes. Am 4. Oktober wurden ihm die kaiserlichen Ehrengaben in der Franziskaner-Kirche feierlich überreicht. Durch diese Handlung bestätigte der Kaiser die von Andreas Hofer übernommene Regierung.

Am gleichen Tag überbrachte man ihm die Nachricht, dass der französische General Payri mit 6000 Mann die Tiroler bei Brentonico geschlagen, Rovereto und Trient besetzt hatte und am 4. Oktober bis Lavis vorgedrungen sei.

Hofers Leuten gelang es aber schon am 12. Oktober, die Franzosen wieder bis Trient zurückzuschlagen.

Speckbacher war aber schon seit Wochen im Unterinntal, um auch die Bewohner des Pongau und Pinzgau im Salzburgischen zu gewinnen. Er gewann ganze Dörfer für die Seite der Tiroler und gegen die Bayern. Noch einmal wurde der Pass Luftenstein eingenommen und Lofer war befreit.

Über Kössen fielen die Meraner unter Major Graf von Hendl den Bayern in den Rücken und vertrieben sie vom Pass Strub. Auch der Pass Lueg wurde erstürmt und bis nach Berchtesgaden und Hallein vorgedrungen.

Nicht lange währte die Erfolgsserie. Drei Heeresabteilungen, eine unter Kronprinz Ludwig von Bayern über den Pass Strub, eine zweite unter General Wrede über Kössen und die dritte unter General Geroy über Kufstein rückten gegen Tirol vor. Zuerst wurden Speckbachers Einheiten geschlagen. Er konnte fliehen. Die Niederlage schon vor Augen, rief Andreas Hofer die anderen Tiroler aus der Salzburger Gegend zurück, zum Schicksalsberg, dem Bergisel.

Noch in der ersten Oktoberwoche beriet sich der Kaiserliche Kommissär von Roschmann mit Hofer über die Landesverteidigung, aber schon auf seinem Rückweg nach Österreich wurde er von der Geschichte eingeholt. Zuerst waren es nur Gerüchte, die von der Gegenseite den Tirolern zu Ohren kamen. Dann waren es Zeitungsartikel, die man nicht wahrhaben wollte.

Am 29. Oktober wurde es dann zur traurigen Gewissheit: Südtirol wird wieder von Österreich abgetrennt. Diese Nachricht vom Wiener Friedensschluss zwischen Kaiser Franz und Napoleon überbrachte der von Prinz Johann abgesandte Freiherr von Lichtenthurn Andreas Hofer, der auch sofort seine Vertrauten nach Italien und zu den französischen Befehlshabern der bayrischen Armeen senden wollte, um ihnen die Kapitulation der Tiroler anzuzeigen.

Da wurde Hofer aus seinem engsten Kreis mit Zweifeln über die Legitimation und die Rechtmäßigkeit der von von Lichtenthurn mitgeführten Papiere konfrontiert. Alle Pässe der Begleitpersonen und der von Lichtenthurns waren, obwohl Österreicher, französisch. Von Lichtenthurn war außerdem sehr krank.

Tatsache ist aber, dass in dem am 14. Oktober zwischen Kaiser Franz von Österreich und Kaiser Napoleon von Frankreich zu Schönbrunn in Wien geschlossenen Friedensvertrag die Abtretung gemäß dem Friedensvertrag von 1805 von Tirol nicht erwähnt wurde, weil Frankreich und Bayern die „Besitzergreifung" Österreichs niemals anerkannt hatten. Ihrer Meinung nach hatte sich an dem Besitzrecht Bayerns nichts geändert.

Die von vielen Tirolern empfundene Schmach der neuerlichen, kaltherzigen Opferung durch Österreich wird durch die Friedensverträge der letzten Jahre widerlegt.

DIE NIEDERLAGE

Mittlerweile griffen die Bayern den Bergisel am 1. November mit aller Macht an, die Tiroler wurden vertrieben. Hofer sandte am 2. November einen Vertrauten nach Villach, wo der Vize-König von Italien, Eugen Beauharnais, Stiefsohn Napoleons, residierte, und ließ ihm mitteilen, dass man sich ihm unterwerfen würde.

Gleichzeitig bat er General Drouet de Erlon (zu Marschall Lefebvre hatte Napoleon das Vertrauen verloren) mit seiner bayrischen Armee, die mittlerweile auf 50.000 Soldaten angewachsen war, mit dem geplanten Vorrücken so lange zu warten, bis die Gruppe aus Villach ihm die Antwort des Vize-Königs überbracht hätte.

Zur selben Zeit gab er auch seinen Kommandanten die Anweisung, alle Stellungen zu halten, nicht anzugreifen, aber bei einem Angriff Gewalt mit Gewalt zu vergelten.

General Drouet betrachtete das Schreiben von Hofer als förmliche Unterwerfung und ließ verkünden, dass jeder, der mit einer Waffe in der Hand angetroffen wird, als Straßenräuber betrachtet und hingerichtet wird. Während er nun schon am 6. bei Zell und am 7. bei Matrei angreifen ließ, waren die Gesandten Hofers immer noch nicht zurück.

Erst bei ihrem Eintreffen, am 8. November, konnten sie das am 5. November von Beauharnais im Namen von Kaiser Napoleon unterzeichnete Schreiben überbringen. Darin war zu lesen, dass alles Geschehene vergessen sei und er 24 österreichische Pässe für ausreisewillige Persönlichkeiten bewilligt habe. Hofer ließ diese Unterlagen sofort veröffentlichen. Er und ein Teil seiner Gefolgsleute legten die Waffen nieder.

Bald darauf kamen verhängnisvolle Nachrichten vom Kommandanten aus dem Pustertal, Johann Maria von Kolb. Der schickte Brief auf Brief an Hofer, in dem er ihm mitteilte, dass es zwischen dem Kaiser und Napoleon schon wieder zum Bruch gekommen sei und dass Prinz Johann mit einer Armee auf das Pustertal zumarschiere.

Hofer schwankte in den folgenden Tagen zwischen Unterwerfung und Aufgabe des Kampfes, da auch andere Unterführer wie Josef Speckbacher und Peter Mayr für weiteren Widerstand plädierten. Besonders Pater Joachim Haspinger verlangte leidenschaftlich die Fortsetzung der Kämpfe im

Oktober und November. Hofer ließ sich verführen, und mit der Unterzeichnung des Aufrufes zur Wiedereinberufung des Landsturms unterschrieb er auch gleichzeitig sein eigenes Todesurteil. Es gab genug Ratgeber, die ihn davon abhalten wollten.

Am 8. November stand zur Verteidigung bei der Mühlbacher Klause Peter Mayr. Links in den Bergen bei Spinges und Meransen hatte sich mit seinen Landstürmern Peter Kemnater eingenistet. Bei den Rodenecker Bergen und bei den Schluchten der Rienz lag Kofler von Milland mit seinen Leuten auf der Lauer. Umsonst. In wenigen Stunden waren die Kämpfe vorbei. Am nächsten Tag war die bayrische Armee in Brixen. Nur das Ötztal, Passeier, die Umgebung von Meran und Teile des Vinschgaus waren noch in Tiroler Hand. Es standen jetzt ca. 40.000 Mann Besatzung im ganzen Tirol.

Am 14. November rückte General Ruska von Bozen aus nach Meran vor, um ins Passeier zu gelangen, von den Bewohnern aus Kuens und Riffian aufgehalten. Als dann Tags darauf 2000 gut ausgerüstete Franzosen über den Jaufen St. Leonhard erreichten, kehrte Waffenruhe im ganzen Burggrafenamt und im Vinschgau ein.

Andreas Hofer, seine Frau und sein 16-jähriger Sohn versteckten sich auf einer Sennhütte. Auf seinen Kopf war eine hohe Belohnung ausgesetzt. Sein Versteck wurde von dem heruntergekommenen Bauern Franz Raffl verraten. Am 28. Januar 1810 wurde er gefangen genommen.

Über Meran und Bozen ging es zügig bis nach Mantua ins Gefängnis. Das Kriegsgericht vom 19. Februar war sich noch nicht ganz einig, da kam die Depesche von Napoleon: Andreas Hofer muss innerhalb 24 Stunden erschossen werden. Noch am gleichen Tag wurde das Urteil vollstreckt.

Hofer, der mit seinen Mitstreitern, ohne Hilfe vom Kaiser und allein gegen das gigantische Weltreich Napoleons, der sich auch noch auf eine gewaltige Unterstützung der Bayern verlassen konnte, todesverachtend um die Freiheit gekämpft hat, zeigte auch noch vor und während seiner Hinrichtung am 20. Februar 1810, gegen 11 Uhr vormittags, eine bewundernswerte Fassung.

Von vielen wird dieser Märtyrertod „zu Mantua" immer wieder den Italienern angelastet. Dabei war es Napoleon, der den Erschießungsbefehl gab, und es waren die Bayern, die ihn erst in die Situation brachten.

Man hat sich immer wieder gefragt, warum sich Kaiser Franz nicht bei seinem zukünftigen Schwiegersohn Napoleon für Hofer eingesetzt hat. Napoleon heiratete im April die Tochter des Kaisers Franz, Erzherzogin Maria Luise.

Dem Kaiser wurde am 9. Februar die Gefangennahme Hofers gemeldet. Erst am 12. befahl er seinem Außenminister Metternich, bei Napoleon zu intervenieren. Metternich benötigte dann zwei Tage, bis zum 14. Februar, um den entsprechenden Auftrag zu erteilen, der erst am 22. Februar beim Gesandten in Paris, als Hofer bereits erschossen war, eintraf (Hirn, 1913, „Tirol von 1809 bis 1814").

Als kurz nach der Hochzeit das Gespräch zwischen Napoleon und dem österreichischen Gesandten in Paris auf Hofer kam, sagte dieser: „Das ist eine hässliche Sache und gegen meine Wünsche und Interessen geschehen. Hofer war ein tapferer Mann, auf den ich zählte, um durch ihn Tirol zu befrieden. Bringen Sie Ihrem Herrn (dem Kaiser) meine Entschuldigung vor, aber Sie sehen, dass auch ich ebenso schlecht bedient wurde, wie andere" (Corti, 1948, Metternich und die Frauen).

Dieses Gerede Napoleons ist aber nicht ernst zu nehmen – er äußerte sich oft gerade wie er es brauchte –, da seine Weisung, Hofer durch das Kriegsgericht mit aller Strenge zu verurteilen und dies auch rasch zu vollziehen, schriftlich belegt ist.

Der Text des zur Landeshymne gewordenen Andreas-Hofer-Liedes „Zu Mantua in Banden" wurde 1832 von dem aus dem sächsischen Vogtland stammenden Julius Moosen gedichtet und ist von Leopold Knebelsberger aus Wien 1844 vertont worden.

1823 befanden sich fünf Kaiserjägeroffiziere auf dem Heimmarsch vom neapolitanischen Krieg. Bei ihrer Rast in Mantua beschlossen sie unter der Führung von Georg Hauger, die Gebeine Andreas Hofers, der im Garten des Ortspfarrers begraben war, ohne Genehmigung mitzunehmen.

Trotz des Verweises, den die Offiziere wegen ihres eigenmächtigen Verhaltens vom Kaiser erhielten, befahl er eine würdige Beisetzung in der Hofkirche zu Innsbruck.

DER STURZ NAPOLEONS

Schon im Sommer 1810 begannen die Bayern in Tirol mit der Rekrutierung von jungen Männern, obwohl Kronprinz Ludwig, der zeitweilig in Salzburg oder Innsbruck residierte, versuchte, ein gutes Verhältnis zu den Tirolern aufzubauen. Napoleon brauchte für seine Feldzüge gegen Polen und Russland Soldaten und die forderte er von Bayern und nicht zuletzt vom Kaiser von Österreich, der ja mittlerweile durch die Vermählung mit Marie Luise sein Schwiegervater geworden war.

In Russland hatte Napoleon kein Glück. Die Friedensvermittlungen seines Schwiegervaters überhörte er. Der preußische General von Blücher sandte Signale gegen Napoleon aus, und so kam es zur Allianz zwischen Österreich, Russland und Preußen und im Oktober 1813 zur Völkerschlacht bei Leipzig und zur Zerschlagung des Franzosenheeres. Die Bayern stoßen etwas widerwillig später auch noch zur Allianz.

Napoleon zog sich nach Frankreich zurück. Einen Frieden lehnte er ab. Die Allianz zog nach Frankreich, zwang ihn in Paris 1814 zur Abdankung und sandte ihn nach Elba.

Die Feste, die aus Anlass der Wiedervereinigung mit Österreich in Tirol gefeiert wurden, hatten einen bitteren Beigeschmack. Die frühere Sonderstellung wurde nicht mehr erneuert, Tirol wurde zur Provinz degradiert.

IN DER DONAUMONARCHIE

Kaiser Franz konnte sich nach dem Sieg der Verbündeten ganz auf den Aufbau des Kaisertums Österreich konzentrieren. Nicht zuletzt der Umsicht und Diplomatie seines Hof- und Staatskanzlers Metternich, der dieses Amt 38 Jahre lang bekleidete, war es zu verdanken, dass Österreich zum mächtigsten Staat in Mitteleuropa wurde.

Dem Bruder von Kaiser Franz, Erzherzog Johann, untersagte Fürst Metternich, nach Südtirol zu reisen, mit dem Hinweis, dass sein Name allzu oft mit Geschehnissen um das Jahr 1809 genannt wurde. Erst 1833 wurde dieser Bann aufgehoben. Im Jahre 1844 kaufte er das Schloss Schenna bei Meran. Er nannte sich dort Graf von Meran.

1816 herrschte überall große Hungersnot. Trotzdem wird berichtet, dass zu den Übeln dieser Zeit auch in Tirol der immer mehr überhand nehmende Luxus zähle. „So nahm z. B. der Genuss des Kaffees sogar in den Landgemeinden überhand und hat besonders beim weiblichen Geschlechte und bei Kindern allerlei Schwächen, Magen- und Nervenleiden zur Folge. Nichts zu sagen von dem Nachteile für das Hauswesen, wenn die Bäuerinnen Eier, Butter, Geflügel und wer weiß was alles, gegen dergleichen unnütze und schädliche Naschereien umsetzen, wobei ihnen gewöhnlich die so genannten Bäckerdirnen, die von ihren Meistern in die umliegenden Gemeinden fast täglich mit frischem Herrenbrote ausgeschickt werden, als Handlangerinnen und Zwischenhändlerinnen dienen."

„Auch hat bei uns seit 1816 eine große Verwüstung und eine Art von Hanswursterei in der Kleidertracht einzureißen angefangen, und wenn es so fortgeht, werden in kurzer Zeit alle Deutschtiroler in diesem Stücke nicht mehr von einem wälschen Gesindel zu unterscheiden sein. Den Anfang machten beim männlichen Geschlechte weniger die aus der Fremde zurückkehrenden Arbeiter, als vielmehr die seit Einführung der alljährlichen Militär-Konskription beurlaubten und verabschiedeten Kaiser-Jäger. Diese brachten vorzüglich die undeutschen langen Hosen in Schwung, indem sie diese nicht nur selbst beibehielten, sondern bald auch zuerst an Werktagen und dann allmählich auch an Feiertagen Nachahmer fanden."

Nach dem Tode des Kaisers Franz I., 1835, folgte ihm gemäß Testament sein ältester Sohn Ferdinand I. als Kaiser von Österreich. Da dieser wegen Schwachsinnigkeit sein Amt nicht antreten konnte, wurde ein Regentschaftsrat gebildet, in dem der Bruder des verstorbenen Kaisers den Vorsitz führte. Tatsächlich regierte aber der inzwischen zum Fürsten erhobene Metternich bis 1848.

TIROL UNTER KAISER FRANZ JOSEF I.

Der Sturz der absolutistischen Regierung des seit 38 Jahren im Amt befindlichen Staatskanzlers Metternich wurde in Tirol begrüßt, da sich das Volk nun eine größere Gestaltungsmöglichkeit am öffentlichen Leben erhoffte.

Die mit allem Eifer betriebenen ersten Wahlen in Tirol zur deutschen Nationalversammlung (die deutsch-österreichischen Länder, also auch Tirol, gehörten ja zum bisherigen deutschen Staatenbund) erbrachten aber höchstens einen ideellen Wert. Für Meran reiste der Benediktiner und Professor in Meran, Beda Weber, nach Frankfurt.

Im Mai trat auch in Südtirol der Provinzial-Landtag zusammen. Er setzte sich aus den vier Ständen Geistlichkeit, Adel,

Bürger und Bauern zusammen. Die beiden Letzteren stellten doppelt so viel Abgeordnete wie Adel und Geistlichkeit.

Zwei Dinge waren vom Landtag dringend zu lösen: erstens die Grundentlastung, d. h. Ablösung aller Grundzinse und Zehnten gegen eine gewisse Entschädigung, und zweitens eine neue Landesverfassung zu beschließen. Beide Vorschläge wurden vom Kaiser nicht akzeptiert. Die Reichsverfassung von 1849 regelte die Landesverfassung.

Am 2. Dezember 1848 dankte Ferdinand I. ab und sein achtzehnjähriger Neffe Franz Josef I. bestieg den österreichischen Kaiserthron.

Der Tiroler Landtag sah sich zu einer Erklärung über die Unteilbarkeit des Landes veranlasst, nachdem die Abgeordneten des Trentinos, also Welschtirols, das waren die Kreise Trient und Rovereto, nicht zum Landtag erschienen und damit zum Ausdruck brachten, dass sie sich dem Land nicht zugehörig fühlten.

Auch die seit 1815 österreichische Provinz Lombardei-Venetien erklärte sich für unabhängig und votierte für einen Anschluss an den noch zu bildenden Nationalstaat Italien. König Albert von Piemont-Sardinien rückte sofort zur Unterstützung in der Lombardei ein. Feldmarschall Radetzky, der mit seiner Armee schon vor Ort war, zog sich zunächst nach Verona zurück.

Die provisorische Regierung in Mailand ließ wissen, dass man zwar das Trentino beanspruche, nicht aber das deutschsprachige Gebiet in Südtirol von Bozen an nordwärts. Die angeheuerten Freischärler unter Giuseppe Garibaldi wurden von den in kurzer Zeit aufgestellten 16.000 freiwilligen Landesschützen an der Südgrenze aufgehalten und zurückgedrängt. Gleichzeitig schlug Radetzky im Frühjahr 1849 mit seinem Heer die Italiener bei Custozza und Novara.

Zehn Jahre später kam es aufgrund der Unterstützung der Italiener durch Napoleon III. wieder zum Krieg mit Österreich. Die österreichische Armee wurde nach ihrer verheerenden Niederlage bei Magenta und Solferino zurückgedrängt.

Dem Schweizer Geschäftsmann Henry Dunant blieb das Elend und die Not auf dem zuletzt genannten Schlachtfeld in böser Erinnerung. Seine Erlebnisse veröffentlichte er in seinem Buch „Eine Erinnerung an Solferino". Auf seine Veranlassung hin wurde dann das Rote Kreuz ins Leben gerufen.

Die inzwischen vom Statthalter von Tirol, Erzherzog Karl Ludwig, aufgebotenen Landesschützenkompanien verteidigten die Grenzen Tirols mit Erfolg. Der Friede, den Napoleon III. mit Kaiser Franz Josef aushandelte, kostete Österreich die Lombardei, die 1859 an Piemont abgetreten werden musste.

Im Jahr 1862 wurde ein neues Landesverteidigungsgesetz für Südtirol erlassen. Das Gesetz ermöglichte die freiwillige Aufstellung von Landesschützenkompanien aus dem Bürger- und Bauernstand, die für die Landesverteidigung tauglich und durch Schießstände erprobt und permanent zur Verfügung standen.

Schon 1866 bewährte sich diese Einrichtung, als das 1860 gegründete Königreich Italien im Bunde mit Preußen Österreich angriff. Die Südgrenze von Südtirol konnte ohne große Hilfe der regulären Armee verteidigt werden. Obwohl siegreich, wurde im Friedensvertrag Venetien an Italien abgegeben. Dafür versprachen die Italiener, die Absicht, Tirol zu erobern, aufzugeben.

Beim Ausbruch des Deutsch-Französischen Krieges 1870/71 verhielt sich Kaiser Franz Josef neutral. Der deutsche

Reichskanzler Bismarck schaffte eine Annäherung zwischen dem deutschen Kaiser Wilhelm I. und Kaiser Franz Josef I. und später auch noch mit Zar Alexander II. von Russland, so dass 1872 das so genannte Dreikaiserbündnis zur Wahrung des Friedens in Europa und des monarchischen Prinzips zustande kam.

Der Krieg Russlands gegen die Türkei 1876 und der Auftrag, der vom Berliner Kongress 1878 an Österreich erging, endete mit dem Abenteuer in Bosnien und in der Herzegowina. Durch die Haltung Russlands in dem Konflikt zwischen Österreich und Serbien wegen Bosnien wurde ja, wie bekannt, der Erste Weltkrieg ausgelöst.

Der 1882 geschlossene Schutzbund der Mächte Österreich, Deutschland und Italien, genannt der Dreibund, wurde 1912 erneuert mit der Klausel, dass Österreich seine Machtverhältnisse auf dem Balkan nur mit Zustimmung Italiens verändern dürfe. Italien benützte nun den Ausbruch des Ersten Weltkrieges, um den Vertrag zu lösen.

Bei der Mobilisierung Anfang August wurden nun in Tirol alle Jahrgänge bis zum 42. Lebensjahr einberufen. Nur die Südtiroler, die zur Verteidigung der südlichen Grenze unabkömmlich waren, mussten nicht, wie die meisten anderen, nach Galizien und Bosnien. Italien, das schon 1866 durch Mazzini verkündete: „Italia fino al Brennero", verlangte nun von Österreich die Abtretung des ganzen Gebietes der Monarchie auf der Südseite der Alpen.

Österreich bot freiwillig die Überlassung von Welschtirol südlich von Lavis und von Görz westlich des Isonzo an. Das genügte den Italienern nicht, weil sie schon von den Alliierten, Russland, Frankreich und England, im Falle eines Sieges die Zusage hatten, Italiens Vorstellungen bezüglich der Alpen- und Adriagrenzen zu verwirklichen. Am 23. Mai erklärte Italien Österreich den Krieg.

Ganz Tirol rief nun die Standschützen zur Verteidigung der Südgrenze von Südtirol auf. Die meisten waren ja unter 21 oder über 42 Jahre alt. So kamen 32.000 Mann zusammen, die die wenigen regulären Truppen im Land unterstützten. Die Tiroler Kaiserjäger wurden aus Galizien nach Südtirol zurückgerufen. Auch traf sehr bald ein erfahrenes bayrisches Alpenkorps ein.

Unvergessen werden die Kämpfe in den Bergregionen bleiben. Col di Lana, der Bergrücken zwischen Enneberg, Buchenstein und Fassa, der Monte Piano und viele Gipfel in den Toblacher und Sextner Dolomiten sowie der Gebirgsstock des Pasubio östlich von Rovereto waren jahrelang Mittelpunkt eines mörderischen Hin und Hers. Aber darüber an anderer Stelle.

Am 21. November 1916 starb Kaiser Franz Josef mit 86 Jahren. Sein jugendlicher Großneffe, Kaiser Karl, übernahm keine leichte Aufgabe. Auf der Südseite der Kriegsfront hatte die österreichisch-deutsche Kriegsmaschine die Italiener zunächst bitter geschlagen. Daran konnten auch die zu Hilfe eilenden Franzosen und Engländer nichts ändern. Der Krieg wurde aber auf dem Balkan und vor allem in Frankreich entschieden. Den Waffenstillstandsverhandlungen der Deutschen an der Westfront folgten zwangsläufig solche an der Südfront, die am 2. November 1918 in Kraft traten. Das italienische Heer besetzte nun ganz Tirol.

Durch Gesetz vom 3. April 1919 wurden dem Haus Habsburg-Lothringen alle Herrscherrechte im Gebiet der inzwischen gegründeten Republik Österreich abgesprochen. Sie hätten nur im Lande bleiben dürfen, wenn sie auf diese Rechte verzichtet hätten.

Kaiser Karl wurde auf die Insel Madeira verbannt, wo er 1922 verstarb.

DER VERTRAG VON ST. GERMAIN

Am 3. November 1918 wurde in der Villa Giusti, im heutigen Abano Therme, der Waffenstillstand zwischen Österreich-Ungarn und Italien geschlossen und Südtirol innerhalb von sieben Tagen vom italienischen Militär, das sich korrekt verhielt, besetzt.

Brieftauben und telegraphische Apparate mussten abgegeben werden, es durften keine Briefe mehr nach Österreich, Deutschland, Ungarn, Bulgarien und die Türkei versandt werden und alle deutschsprachigen Bezirkshauptleute wurden durch italienische Kommissare ersetzt.

Bei den Friedensverhandlungen in Paris, nach dem ersehnten Ende des Ersten Weltkrieges 1919, begann das Spiel der Italiener. Da nur die Siegermächte zugelassen waren – zu denen ja auch Italien gehörte – wurden Behauptungen aufgestellt und Wahrheiten verdreht, die nur derjenige durchschauen oder gar beurteilen konnte, der mit der Situation vertraut war. Den Besiegten, in diesem Falle der Republik Österreich, wurde nur erlaubt, endgültige Bedingungen entgegenzunehmen. Es wurde nicht verhandelt, sondern diktiert!

Der damalige Präsident der Vereinigten Staaten von Nordamerika, W. Wilson, verkündete in seinem Friedensprogramm unter anderem, dass die künftige staatliche Grenze zwischen Österreich und Italien „nach den klar erkennbaren Scheiden der Nationalität und Sprache“ gezogen werden sollte.

Die Italiener hatten leichtes Spiel und legten diese „Scheide“ zu ihren Gunsten aus. Die österreichische Delegation in Paris, die nur schriftliche Kommentare abgeben durfte, wurde zu den mündlichen Verhandlungen gar nicht erst zugelassen. Den Franzosen und den Engländern war das Ergebnis im Grunde genommen egal und die Amerikaner, wie die Zukunft noch beweisen wird, sprachen nicht zum letzten Mal über Dinge, von denen sie keine Ahnung hatten.

Am 10. September 1919 unterzeichnete in St. Germain bei Paris der österreichische Staatskanzler Dr. Karl Renner das Diktat der Siegermächte. Italien bekam, was es wollte. Die Italiener erhielten nun die Beute, die ihnen im Londoner Geheimvertrag vom 26. April 1915 für ihren Kriegseintritt versprochen wurde.

Diese von fremden Mächten aufgezwungene Zerteilung schlug eine tiefe Wunde in eine volkliche, sprachliche, politische und kulturelle Einheit, die auf eine Geschichte von mehr als tausend Jahren zurückblicken kann.

Aber noch schien nicht alles verloren. Der Ministerpräsident Nitti im Parlament und der König in einer Thronrede erklärten 1919, dass ihre Regierung gemäß den liberalen Traditionen des italienischen Staates die „deutsche Nationalität achten und dem Lande eine gewisse Selbständigkeit oder Autonomie einräumen wollen".

Nach dieser Ankündigung wurde der Professor für deutsche Literatur an der Universität Rom, Luigi Credaro, zum Generalkommissar für Südtirol mit Sitz in Trient ernannt. Die Vertreter der deutschen Einwohner von Südtirol sollten mit ihm verhandeln. Leider nur einer der vielen Tricks der Italiener, weitere sollten noch folgen, um die deutschen Südtiroler hinzuhalten.

Am 21. Oktober 1920 wurde die endgültige Annexion Südtirols durch den italienischen Staat ausgesprochen und zunächst – um eine Mehrheit, im Falle, dass doch noch abgestimmt werden müsste, der italienischen Bevölkerung zu gewährleisten – als einheitliche Provinz Venezia Tridentina bezeichnet. Ein weiterer Trick der Italiener, denn mit Venetien hatten die Südtiroler überhaupt nichts zu tun. Mussolini verfügte 1926, als er seiner Sache sicherer war, wieder die Trennung von Venetien und die Errichtung der beiden Provinzen Trento und Bolzano.

Am 24. April 1921 fand anlässlich der Messe in Bozen wie üblich ein Trachtenumzug statt, der später als „Blutsonntag“ in die Geschichte eingehen sollte. Am Morgen kamen 280 Altfaschisten mit dem Zug aus ganz Italien in Bozen an, wo sie sich mit den dortigen 120 Faschisten trafen und kurz darauf wahllos auf Mitglieder des Umzuges und Zuschauer mit Knüppeln einschlugen, Handgranaten warfen und mit Pistolen um sich schossen. Franz Innerhofer, ein Lehrer aus Marling, wurde dabei erschossen. Die Faschisten wurden anschließend vom Militär, das gar nicht erst einschritt, zum Bahnhof eskortiert, damit sie wieder ungestört ihre Heimreise antreten konnten.

ETTORE TOLOMEI

Am 28. Oktober 1922 ergriff Mussolini in Italien die Regierungsgewalt. Der richtige Mann für sein Programm der Italianisierung Südtirols war Ettore Tolomei, dessen Plan zur Ausrottung der deutschen Volksart oder Nationalität in Südtirol schon 1923 in die Tat umgesetzt wurde. Dazu gehörte unter anderem:

- Der Gebrauch der deutschen Sprache in Ämtern und Schulen wurde verboten.
- Die bisherigen Lehrer und Beamten wurden außer Dienst gesetzt oder versetzt. Gegen Volksschullehrer wurde besonders hart vorgegangen, was meine Mutter in ihren ersten Schuljahren sehr bitter miterleben musste.
- Die deutschen Ortsnamen wurden italienisch.
- Familiennamen wurden zwangsweise italianisiert.

- Inschriften auf Grabsteinen waren nur noch in Italienisch zugelassen.
- Die deutschsprachigen Zeitungen mussten ihr Erscheinen einstellen.
- In den Selbstverwaltungen der Gemeinden und Städte wurden ortsfremde Italiener eingesetzt.
- Die Wälder, einschließlich der Jagdrechte, standen nur noch italienischen Funktionären zur Verfügung.
- Die meisten Vereine und Verbände mussten sich auflösen.
- In den neuen Fabriken durften nur Italiener angestellt werden.

Lediglich bei der Militärpflicht wurden die Südtiroler „gleich behandelt", und so mussten viele bei der Eroberung Abessiniens 1935/36 ihr Leben dort lassen.

Ettore Tolomei, 1865–1952, der extremste italienische Nationalist, verwendete schon 1906 für Südtirol den Namen „Alto Adige". Er gründete schon damals das „Archivio per l'Alto Adige", dessen Aufgabe er darin sah, seine Erfindungen italienischer Namen für Südtiroler Orte zu „analysieren".

Sein 1916 veröffentlichtes Werk „Prontuario dei nomi locali dell'Alto Adige" enthielt die Übersetzung von 10.000 Flur-, Familien- und Ortsnamen. Dieses „Werk" sah er als Re-Italianisierung an, da angeblich vor gar nicht allzulanger Zeit jene Namen gewaltsam germanisiert worden seien.

Sitz dieses Archivio war das Schloss Maretsch in Bozen. Seinen größten Auftritt hatte er 1923 im Bozner Stadttheater, wo er unter großem Beifall seiner Zuhörer, die aus allen Teilen Italiens angereist waren, seine berühmt gewordenen 32 Thesen verkündete, die nichts anderes als die Ausrottung des Deutschtums in Südtirol zum Ziel hatten.

In der Option von 1939 sah Tolomei die Vollendung seines Lebenswerks, vertrat aber immer wieder seine Totalumsiedlungstheorie. Im Zuge der deutschen Besetzung wurde er verhaftet. Nach seiner Befreiung 1945 legte ihm seine eigene Regierung nahe, sich aus der Politik zurückzuziehen.

Ob mit oder ohne Tolomeis Hilfe, im April 1923 wurde der Name Tirol in jeglichem Zusammenhang verboten. Erst 1972, im neuen Autonomiestatut, wurde die Wiederherstellung des Landesnamens „Südtirol“ möglich. Am 3. September 1923 wurde der Südtiroler Alpenverein mit all seinen Sektionen aufgelöst und Anfang 1924 u. a. alle 77 Schutzhütten dem Club Alpino Italiano ersatzlos übertragen.

In kurzer Zeit mussten alle deutschsprachigen Zeitungen ihr Erscheinen einstellen, dafür erschien am 2. März 1926 die erste Nummer der faschistischen „Alpenzeitung“ in deutscher Sprache. Die Zeitung „Der Tiroler“ wurde in „Der Landsmann“ umbenannt. Die Verlagsanstalt „Tyrolia“ erhielt zunächst den Namen „Vogelweider“, später wurde daraus „Athesia“, was so viel wie Etsch auf Lateinisch bedeutet.

DIE BESETZUNG ÖSTERREICHS

Hitler unterstützte Mussolini in seinem Krieg gegen Abessinien und erhielt dafür von ihm die Zusage, sich wohlwollend bei Hitlers Okkupation von Österreich zu verhalten. Das war auch so, als Hitler am 12. März 1938 tatsächlich in Österreich einmarschierte.

Die Westmächte rührten keinen Finger, im Gegenteil, Hitlers Einmarsch im Sudetenland fand sogar noch deren Zustimmung, auch wenn das ein halbes Jahrhundert später unterschiedlich beurteilt wird.

NACH DEM ZWEITEN WELTKRIEG

Österreich meldete gleich im Jahr 1945 Ansprüche auf Südtirol an. Man war der Meinung, dass die Weltmächte einsehen müssten, dass der deutsche Nationalsozialismus und der italienische Faschismus und deren Führer, Hitler und Mussolini, ein Südtirol vergewaltigt hatten, das Jahrhunderte zu Österreich gehörte.

Als Ergebnis des Außenministertreffens der Westmächte in Paris im Mai 1946 wurde Italien aufgefordert, Südtirol eine Sonderstellung oder Autonomie zu gewähren. An der Integration in die italienische Republik sollte sich aber nichts ändern.

Die Westmächte hatten ja auch einen Grund für ihre Haltung. Durch die Begünstigung, die Jugoslawien an der Nordost-Grenze von Italien erhielt, wollte man der Republik mit der Zusage der Brennerlinie einen gewissen Ausgleich schaffen.

Trotzdem geriet Italien in der Südtirolfrage langsam in eine internationale Zwickmühle. Die Italiener waren es, die seit 1919 die Forderung, die deutschen Südtiroler als eine nationale Minderheit innerhalb Italiens und durch internationale Verträge abgesichert anzuerkennen, abgelehnt haben. Die Westmächte brachten Italien dazu, einen Friedensvertrag mit Österreich über die zukünftige Behandlung Südtirols abzuschließen.

Am 5. September wurde, wieder in Paris, ein italienisch-österreichischer Vertrag geschlossen, der folgende Verbesserungen für die deutschsprachigen Einwohner der Provinz Bozen und der benachbarten zweisprachigen Ortschaften der Provinz Trient enthielt:

„Volle Gleichberechtigung der wirtschaftlichen und kulturellen Entwicklung und den Schutz ihres Volkscharakters, insbesondere Unterricht in ihrer Muttersprache in den Volks- und Mittelschulen, Gleichstellung der deutschen und italienischen Sprache im Gebrauch der öffentlichen Ämter, Gleichberechtigung bei der Anstellung in deren Dienst, Wiederherstellung der von der früheren Regierung italianisierten Familiennamen, Gewährung einer Autonomie hinsichtlich Gesetzgebung und Verwaltung, Herstellung gutnachbarlicher Beziehungen zwischen Österreich und Italien für den Verkehr und Handel, gerechte und weitherzige Revision der Staatsbürgerschaft der Südtiroler Optanten von 1939 und wechselseitige Anerkennung der Universitätsdiplome."

Natürlich könnte man eine ganze Reihe von Missständen erwähnen, die in dem Vertrag nicht angesprochen wurden. So wurden z. B. die Ladiner überhaupt nicht erwähnt. Andererseits bedeutet dieser Vertrag, nachdem zwischen 1922 und 1943 der Gebrauch der Muttersprache im öffentlichen Leben und im Unterricht und jegliche Selbstverwaltung in Südtirol verboten waren, eine wesentliche Verbesserung der Situation.

Am 18. Januar kam es zum ersten Mal zu einer Aussprache zwischen den Abgeordneten der Südtiroler Volkspartei (SVP) und den italienischen Vertretern, bei der eine wichtige Verbesserung des Autonomie-Status erreicht wurde: Das Unterland kehrte wieder zu Bozen zurück.

Am 28. November 1948 fanden die Wahlen zum Regionallandtag in Bozen und Trient statt. Die Südtiroler Volkspartei (SVP) bekam 67 % der abgegebenen gültigen Stimmen.

In der Optantenfrage waren noch einige Hürden zu überwinden. Wie schon bemerkt, haben von den 247.000 deutschen Einwohnern der Provinz Bozen, die 1939 zur Option aufgerufen wurden, 213.000, also 86 %, für die Annahme der deutschen Staatsbürgerschaft gestimmt. Tatsächlich sind aber nur ca. 70.000 nach Österreich und nach Deutschland abgewandert. Die anderen sind bis zum Ende des Krieges in ihrer Heimat geblieben, weil die Abwanderung aus verschiedenen Gründen stockte und weil nach der Besetzung Südtirols durch die Deutschen 1943 dieser Vorgang gestoppt wurde.

Am 2. Februar 1948 erließ die italienische Regierung das so genannte Optantendekret. Danach konnten die Südtiroler Optanten entweder durch Optionswiderruf (nicht eingebürgerte Optanten) oder durch Einzelansuchen (eingebürgerte abgewanderte und nicht abgewanderte Optanten) die italienische Staatsbürgerschaft wieder erwerben und damit in der alten Heimat verbleiben bzw. in diese zurückkehren.

Durch diesen Optionswiderruf erhielten 115.000 Südtiroler wieder die italienische Staatsbürgerschaft. 40.000 nicht abgewanderte Optanten erhielten diese auf Einzelersuchen und nur ca. 650 Personen wurden abgelehnt, weil sie während der deutschen Besetzung hohe Parteifunktionen innehatten. Von den 70.000, die Südtirol verlassen haben, sind 50.000 nicht mehr zurückgekehrt.

DIE SONDERGESETZE

1953 war von den ganzen Versprechungen in den Verträgen das Wenigste erfüllt. Seit Juli 1952 musste wieder der gesamte innere Amtsverkehr in italienischer Sprache geführt werden. Kaum ein Südtiroler erhielt eine Anstellung im öffentlichen Dienst. Der Zuzug von Italienern in die Provinz Bozen wurde gefördert (zwischen 1946 und 1952 zogen 60.000 Italiener, viele davon arme Mitbürger aus dem tiefen Süden, nach Südtirol), aber die Rückkehr der im

Jahre 1940 ausgewanderten Südtiroler erschwert. So erhielten Kriegsinvaliden und Witwen – meine Mutter hatte es schon vorausgeahnt – zunächst keine Versorgungsgelder.

Aber damit nicht genug. Im Herbst 1953 wurden die seit 1947 ausgesetzten faschistischen Sondergesetze über Eigentumsübertragung in 37 Gemeinden wieder angewandt. Kinder durften keine „fremdsprachigen", d. h. deutschen, Vornamen erhalten, Enteignungsbefugnisse aus der Faschistenzeit wurden reaktiviert und zwei Südtiroler wurden im Mai 1955 zu 12 bzw. 16 Monaten Kerker verurteilt, weil sie auf einem Plakat an ihrem Heustadel das Selbstbestimmungsrecht für Südtirol gefordert hatten.

Das führte zu einer „Wachablösung" bei der SVP im Mai 1957, weil man vielen der bisherigen Vertreter zu viel Kompromissbereitschaft gegenüber den Italienern anlastete. Die Führung der Partei übernahm Silvius Magnago. Die Zusammensetzung der Parteiführung ließ eine harte Gangart mit den Italienern ahnen. Am 17. November 1957 versammelten sich 35.000 Südtiroler auf Schloss Sigmundskron, wo gegen die wieder eingekehrte Unterdrückung und Benachteiligung protestiert wurde.

Die mehrmals von der SVP eingebrachten Entwürfe über die Inkraftsetzung der Autonomiestatuten vom Jahre 1948 wurden vom italienischen Parlament einfach nicht behandelt. Am Beispiel eines Wohnbauprogramms von 1959, wo die Vorschläge und Wünsche regionaler Vertreter regelrecht ignoriert und ihnen auch die letzten noch verbliebenen Kompetenzen abgesprochen wurden, spitzte sich die Lage zu. Die SVP trat aus dem Regionalausschuss aus.

Österreich, das inzwischen mit Staatsvertrag wieder seine Unabhängigkeit erlangt hatte, verlangte schon im Oktober 1956 von Italien die Einhaltung des Pariser Abkommens in Bezug auf Südtirol.

1958 kam es zu den ersten Sondierungsgesprächen zwischen Italien und Österreich. Am 20. April 1959 wollte der österreichische Außenminister Leopold Figl vor dem Europarat in Straßburg Südtirol zur Sprache bringen, er wurde jedoch durch Intervention des italienischen Abgeordneten Roberto Lucifero und dem belgischen Vorsitzenden daran gehindert. Man wollte keine Unruhe im Herzen von Europa.

Es war dann der Außenminister Bruno Kreisky, der das Südtirolproblem erstmals am 21. September 1959 vor der UNO erläuterte. Danach wurde das Südtirolproblem von Österreich offiziell auf die Tagesordnung gesetzt.

Die UNO-Vollversammlung billigte einstimmig die Resolution 1497/XV, wonach der Artikel 1 des Pariser Abkommens zweckbestimmend für das ganze Abkommen sei. Aber die Italiener, die zu einer Lösung aufgefordert wurden, verzögerten die Gespräche oder brachten sie zum Platzen. Angesichts der kompromisslosen Haltung der Italiener spitzte sich die Lage 1961 in Südtirol täglich zu. Der Unmut wuchs. In den Monaten Januar, Februar und April kam es zu den ersten Sprengstoffanschlägen. Im Juni kam es dann zu der „Feuernacht".

DIE SPRENGSTOFFANSCHLÄGE

Ein weiteres sensibles Element in der jüngsten Geschichte Südtirols. Für die einen waren es Terroristen und für die anderen Freiheitskämpfer. In der Nacht des Herz-Jesu-Festes, vom 11. auf 12. Juni 1961, wurden 37 Hochspannungsmasten umgelegt. Die SVP-Führung distanzierte sich sofort von den

Gewaltaktionen und ließ den Attentätern auch keine Unterstützung in der Folge zukommen. In dieser Zeit – und das muss auch erwähnt werden – setzte Innenminister Mario Scelba trotzdem eine Kommission ein, in der elf Italiener und acht Südtiroler das Südtirolproblem analysieren sollten. Die Kommission ging als Neunzehner-Kommission in die Geschichte ein. Auf der anderen Seite verwandelte Scelba Südtirol in ein Heerlager.

Hausdurchsuchungen, die Beschlagnahme von Hotels und Gasthäusern waren die Folge. 150 Männer des „Befreiungsausschuss Südtirol" (BAS) wurden verhaftet, zwei Südtiroler kamen bei den Verhören ums Leben. Das trug nicht zur Abkühlung der Emotionen bei. 1963 begannen die Prozesse in Mailand. 1964 wurden von den 94 Angeklagten 46 freigesprochen, die anderen erhielten zwischen vier und 20 Jahren Gefängnis.

Der italienische Richter verurteilte die Angeklagten nur wegen „unerlaubten Waffenbesitz, Sachbeschädigung etc." und nicht wegen „Anschlag auf die Einheit des Staates", nachdem die Angeklagten ausgesagt hatten, dass ihr Ziel die Autonomie und nicht die Selbstbestimmung gewesen sei.

Leider eskalierte und radikalisierte sich der Terrorismus in Südtirol. Der frühere Grundsatz, keine Menschenleben zu gefährden, wurde aufgegeben. Plötzlich waren auch Deutsche und Österreicher in den blutigen Terror verwickelt, der immer brutalere Züge zeigte. Warum sollte man unter diesen Bedingungen Autonomieverhandlungen führen? 1966 wurden wieder hohe Haftstrafen über die Sprengstoffattentäter verhängt.

DIE „PAKETKOMMISSION“

Inzwischen überbrachte die erwähnte Neunzehner-Kommission ihren Abschlussbericht, der später als „Paket“ bezeichnet werden wird, an Ministerpräsident Aldo Moro. Es war inzwischen April 1964 geworden. Begonnen hatte man vor fast drei Jahren und mit drei Monaten hatte man gerechnet.

Am 16. Dezember 1964 hatten die Außenminister von Österreich und Italien auf einer Geheimkonferenz in Paris Einigung erzielt und Kreisky erstattete am 8. Januar 1965 in Innsbruck Bericht vor den Vertretern auch der SVP. Er empfahl die Annahme der Einigung. Die Nord- und Südtiroler hatten aber schon zuvor die Ablehnung beschlossen, da sie auf noch weitere Zugeständnisse hofften. Kreisky war sauer und zeigte das auch. Er kümmerte sich von diesem Augenblick an nicht mehr um die Südtirolfrage.

In einer neuen Verhandlungsrunde wurde dann doch das Paket zugrunde gelegt und mit einer Reihe von Ergänzungen und Abänderungen den Parteien vorgeschlagen. Dieses Paket hätte bei seiner Annahme auch den Rückzug der Italiener von ihrem EWG-Veto zur Folge. Am 22. November 1969 hatten 1111 Delegierte aus den Wahlbezirken Bozen, Brixen, Meran, Pustertal, Sterzing, Unterland und Vinschgau abzustimmen. Sie nannten sich Paketbefürworter und Paketgegner. Landeshauptmann Silvius Magnago gehörte zu den Ersteren.

Nach 18 Stunden Debatte und Wahl stand das Ergebnis fest: Das Paket wurde mit 52,8 % der abgegebenen Stimmen angenommen.

Dieses Paket war nichts anderes als die Summe der 137 Zugeständnisse, die den Italienern im Laufe der vielen Jahre abgetrotzt wurden, obwohl die meisten schon im Autonomiestatut von 1948 eindeutig geregelt waren. „Tiroler Etschland" hieß jetzt wieder Südtirol und den Provinzen Bozen und Trient wurde gemäß dem Statut nach Art und Inhalt eine besondere Autonomie zuerkannt.

Das Paket sollte bis Januar 1974 verwirklicht werden. Natürlich lief nicht alles nach Plan und schon sahen die Gegner des Pakets wieder schwarz. Deshalb ließ sich auf der SVP-Landesversammlung auch Brugger wiederum als Gegenkandidat zu Magnago aufstellen. Magnago gewann.

Die Erfolge um das Paket verlangsamten sich weiter und schon wieder erschütterten einige Bomben 1978 das mühsam aufgebaute Vertrauensgerüst.

Im Oktober 1980 kam das Südtirolproblem nochmals in den Vereinten Nationen zur Sprache, weil Italien einfach bestimmte Dinge nicht verwirklichen wollte. Von der UNO kam aber keine Hilfe mehr. Man hatte größere Sorgen. 1987 endete im römischen Parlament eine Südtiroldebatte mit der Genehmigung zweier Beschlussanträge. Darin wurde festgelegt, dass die noch ausstehenden Durchführungsbestimmungen „in einer Globallösung verabschiedet werden sollen". Eine Diskussion mit der SVP gab es vorher nicht und durch die weitere Verschleppung von Paket-Statuten wurde das Autonomieklima wieder rapide schlechter.

STREITBEENDIGUNG VOR DER UNO 1992

Man möge bitte beachten, dass erst in der gleichen Zeit, in der 1989 in Berlin die Mauer fiel, eine schon seit vielen Jahren überfällige Durchführungsbestimmung in Kraft trat. Sie bezog sich endlich auf die Gleichstellung der deutschen und italienischen Sprache im Verkehr der Bürger mit der öffentlichen Verwaltung.

Die Zweisprachigkeit vor Gericht und bei der Polizei fiel immer noch nicht unter diese Bestimmung. Der Regierungschef Giulio Andreotti stellte jetzt den endgültigen Abschluss des seit 1964 bekannten Paketes sehr optimistisch für 1990 in Aussicht.

1991 wurde Silvius Magnago nach 28 Jahren als Landeshauptmann durch Luis Durnwalder abgelöst. Im Dezember wurden weitere Maßnahmen des Paketes bezüglich der Einteilung der Wahlkreise verabschiedet und nach weiteren Regelungen von Durchführungsbestimmungen erklärte Andreotti am 30. Januar 1992 das Paket für erfüllt.

Am 19. Juni 1992 wurde der Streit in New York vor der UNO, dort, wo 32 Jahre zuvor der Auftrag an Österreich und Italien erging, offiziell durch die Übergabe einer „Notifizierung der Streitbeendigung“ an den UNO-Generalsekretär Boutros Boutros-Ghali beendet.

Rom machte es den Südtirolern nach 1945 nicht leicht. Eigentlich wiederholten sich die Hoffnungen und Enttäuschungen wie nach 1918. Nach zwei Generationen Verhandlungen mit den Italienern glaubten viele nicht mehr an eine Autonomie. Jetzt ist sie Wirklichkeit, mit all den Unzulänglichkeiten, die aus dem Leben nicht wegzudenken sind.

Wer heute mit offenen Augen durch Südtirol geht, der wird feststellen, dass nicht alles schlecht war, was aus Italien übernommen wurde, und man kann nicht übersehen, dass es den Südtirolern heute gut geht, so gut wie nie zuvor. Natürlich muss nach wie vor das vorhandene Misstrauen auf beiden Seiten abgebaut werden. Was wissen denn die meisten Italiener von der Südtiroler Geschichte? Vielleicht genauso wenig wie mancher Südtiroler heute.

DRITTER TEIL

LAND UND LEUTE

ANFÄNGE
DES DEUTSCHEN SCHRIFTTUMS

Den grundlegenden Arbeiten (Die Anfänge des deutschen Schrifttums – Vorkarlisches Schrifttum im deutschen Südostraum, erschienen 1954) des Innsbrucker Professors Karl Kurt Klein ist es zu verdanken, dass wir über Arbeo und die Anfänge des deutschen Schrifttums heute mehr wissen.

Arbeo, ein Südtiroler, stammte aus Mais bei Meran und wurde 724 geboren. Er hat vermutlich an der langobardischen Hofschule des Königs Ratchis in Pavia oder in dem ebenfalls langobardischen Kloster Bobbio studiert. Mit 39 Jahren, also 763, wurde ihm die Leitung des Klosters Scharnitz übertragen. Schon ein Jahr später übernahm er das Bistum Freising bei München. Bei den von ihm vorgenommenen Veränderungen in Schulen und Verwaltung in Freising spürte man die positiven Einflüsse und Erfahrungen, die er von anderen Kulturen in den vorangegangenen Jahren gesammelt hatte.

Sein erstes Buch, „Vita Corbiniani", widmete er seinem Nachbarn, dem Bischof Virgil in Salzburg. Virgil war Ire. Korbinian war der erste Bischof von Freising und Arbeos Vorgänger. Seine „Vita Haimhrammi" ist die Lebensbeschreibung des Bischofs von Regensburg.

Sein „Deutscher Abrogans" (früher „Keronisches Glossar" genannt) ist nach Bernhard Wurzer „das erste deutsche Buch". Es ist ein alphabetisch geordnetes deutsch-lateinisches Wörterbuch. Das erste Wort in diesem Verzeichnis gab dem Buch den Namen: Abrogans, was so viel wie angleichen oder aufheben bedeutet.

Mit dem Verfassen dieses Buches verfolgte Arbeo die Absicht, die kulturlose und bis dahin in sich unzusammenhängende und schriftlose deutsche Sprache kulturfähig zu machen. Der Gedanke, deutsche Wörter zusammenhängend zu schreiben, scheint bei Arbeo durch seine langobardische Vorbildung entstanden zu sein.

GEOLOGIE UND BERGBAU

Südtirol ist ein Land der Zentral- und Südalpen. Die Vielfalt geologischer Formen sorgt für ein abwechslungsreiches Landschaftsbild, wie es eindrucksvoller nicht sein könnte. Zu den Hauptgesteinsbildnern der Zentralalpen, zu denen das Land überwiegend zu zählen ist, gehören Gneise, Schiefer und Phyllite in zahlreich wechselnden Übergängen. Die Gesteine zeigen sich durch die Verwitterung oft sehr brüchig.

Das Verbreitungsgebiet des Brixner Quarzphyllits erstreckt sich von den nördlichen Sarntaler Alpen über Franzensfeste im Norden bis Waidbruck im Süden. Dem Brixner Granit, der sich vom nördlichen Ultental über den Ifinger bei Meran, Franzensfeste bei Brixen bis nach Kiens erstreckt, verdankt die Gaulschlucht bei Lana ihre Existenz. Sie verengt das Ultental am Austritt ins Meraner Becken, genauso wie die Sachsenklemme zwischen Mauls und Franzensfeste, auf ca. zehn Kilometer Länge. Letzterer Einschnitt erlangte 1809, während der Freiheitskriege, mit der Mühlbacher Klause große Berühmtheit.

Die Quarzporphyrplatte um Bozen, ein vulkanisches Produkt, reicht von Meran bis Trient und bestimmt ganz besonders den Charakter dieser Landschaft. Die zum Teil sehr engen Schluchten ergaben sich aus dem harten Widerstand, den die Porphyrwände dem Wasser boten.

Die Dolomiten zeigen sich in einem ganz anderen Bild. Im wesentlichen Teil findet man leicht abbaubare Gesteine und Böden, die vulkanischen Ursprung haben. Im Osten überwiegen die Kalkmassive mit ihren Schluchten und steil abfallenden Wänden. Diese eigene Kalkart wurde zum ersten Mal Ende des 18. Jahrhunderts von dem Franzosen

Déodat Gratet de Dolomieu erkannt. Die nachfolgenden Untersuchungen hielt er in einem Bericht von 1801 fest und zu Ehren des Entdeckers erhielt nicht nur diese Gesteinsart, sondern eine ganze Landschaft den Namen Dolomiten.

Die wenigen breiten Talsohlen entstanden durch Aufschüttungen, die im Laufe von Jahrtausenden das ursprüngliche Flussbett durch Geröll- und Sandbänke verschwinden ließen. Die Überschwemmungen trugen zur Entwicklung eines Sumpfgebietes bei. Wege und Straßen mussten an den Talhängen angelegt werden. Erst die noch gar nicht so lange zurückliegenden Trockenlegungen der Auen (z. B. das Etschtal) ermöglichten eine Nutzung der zuvor malariaverseuchten Gebiete.

Die Entstehung vieler Geländeformationen begann in der Zeit um 12.000 v. Chr., wo das Abschmelzen gewaltiger Eismassen einsetzte. Dabei wurden riesige Schutt- und Geröllmassen in die Täler befördert. Es entstanden Murschuttkegel von großen Dimensionen, die in einzelnen Fällen sogar für die Verschiebung der Wasserscheide verantwortlich waren.

Damals – so beweisen viele Funde in alpinen Hochlagen – entstanden Pfade und Wege, die den Steinzeitmenschen auf ihren Streifzügen nicht nur zur Nahrungssuche dienten. Erst mit den Römern entstand ein durchdachtes Straßennetz. Südtirol lag im Mittelpunkt der ca. 20 Passwege, die über die Alpen führten und heute noch führen. Sie reichen vom Semmering im Osten bis zu den Pässen in den Schweizer Westalpen. Dabei wurden Wege und Pfade befestigt und ausgebaut, die sicherlich zuvor schon Jahrtausende begangen wurden.

Die ersten Spuren des Bergbaus finden wir in Südtirol schon in der Bronzezeit. Wesentlich später – etwa im

11. Jahrhundert – beginnt der kommerzielle Abbau, der seinen Höhepunkt im 15. und 16. Jahrhundert erreicht.

Schon 100 Jahre später zeichnete sich ein Rückgang des Bergbaus ab, der im 19. Jahrhundert aus Rentabilitätsgründen oder Erschöpfung der Fundstätten sein vorläufiges Ende fand. Wer heute durch Südtirol fährt und das Obst-, Wein-, Kur- und Ferienland erlebt, hält es nicht für möglich, dass an Dutzenden Fundstätten in den Tälern und auf den Höhen früher Erze und Mineralien abgebaut wurden. Diese Industrie bot – zwar unter miserablen Arbeitsbedingungen – vielen Menschen Arbeit.

Als Beispiel für viele andere Gebiete in Südtirol sei hier das Bergbaurevier Vinschgau genannt. Allein dort existierten Bergwerke in der Naif (silberhaltiger Bleiglanz, Flussspat, Baryt, Fahlerz), in Zufall im Martelltal (Kupfer- und Schwefelkies, Fahlerz), in Lagar bei Vetzan (Bleiglanz, Zinkblende), bei St. Martin am Kofel (Bleiglanz, Zinkblende), im Tramentangraben auf der Stilfser Alpe (silberhaltiger Bleiglanz, Zinkblende, Baryt, Flussspat), in Gomagoi (Eisen und Kupfer), in Sulden (Kupfer- und Schwefelkies, eisen- und manganhaltiger Brauneisenstein), am Tartscher Bühel (Fahlerz, Baryt), in Taufers im Münstertal (Gold), im Laaser Tal (Bleiglanz, Zinkblende), in St. Peter (Bleiglanz), bei Tschengls (silberhaltiger Bleiglanz), bei Völlan (Bleiglanz, Kupferkies) und bei St. Pankraz im Ultental (Eisen und Kupfer).

Durch die besonderen geologischen Verhältnisse entstanden auch Heilquellen, die schon seit Urzeiten von den Menschen genutzt wurden. Auch wieder nur als Beispiele seien das erdig-alkalische und eisenhaltige Völlaner Bad, das erdig-alkalisch-salinische Bad Gfrill ober Völlan, das alaun- und schwefelhaltige Bad Turnbach ober Eppan und Bad Pfuß bei Kaltern zu nennen.

MEIN GEBURTSORT LANA

Obwohl die an anderer Stelle beschriebenen Umstände den Wunsch, Lana zu besuchen, sich in Grenzen hielt, verbrachten wir doch, als meine Söhne noch kleiner waren, während vieler Jahre einige Tage dort. Seit auch meine Großmutter mütterlicherseits uns für immer verließ, beschränken sich die Besuche in Lana auf den Friedhof in Niederlana, wo alle vier Großeltern im Schatten der Pfarrkirche begraben sind. Außerdem findet man mit einiger Geduld auf dem Gefallenendenkmal des Zweiten Weltkrieges, unter den vielen Gefallenen und Vermissten, auch meinen Vater.

Dieser Friedhof und seine Lage ist mir schon lange ans Herz gewachsen. Die Pfarrkirche, die 1492 fertiggestellt wurde, wird als eine der schönsten spätgotischen Kirchen des Landes angesehen. Die unter der Aufsicht des Archäologen Hans Nothdurfter durchgeführten Grabungen vor einigen Jahren förderten die Reste römischer Häuser aus dem 2. und 3. Jahrhundert n. Chr. ans Tageslicht. Ursprünglich war Lana eine Weltpfarre, bis sie durch päpstliche Schenkung 1369 dem Deutschen Orden übergeben wurde.

Meine Urgroßeltern waren Besitzer des „Außerhofs", mit der Postadresse Ultental Nr. 2. Der Außerhof gehörte schon damals zur Pfarrei Lana, postalisch aber zu St. Pankraz im Ultental. Für die ganze Familie war es eine Selbstverständlichkeit, dass mindestens ein Mal pro Woche der $2^1/_2$-stündige Kirchgang (1 Stunde nach Lana hinunter und $1^1/_2$ Stunden zurück) anstand. Meistens war das Ziel die Kapuzinerkirche in Mitterlana und nur an Festtagen gönnte man sich den Besuch der Pfarrkirche in Niederlana, allerdings wurde dadurch auch der Fußmarsch um eine gute Stunde verlängert.

Auf einem solchen Rückmarsch verstarb meine Urgroßmutter an einem Herzschlag, 15 Minuten vom Außerhof entfernt, am Karfreitag 1933 im Alter von 72 Jahren. Sie war auf dem Heimweg von der Karfreitagsprozession in Lana.

Wer sich heutzutage die Mühe macht und von Lana, dem Wanderweg Nr. 34 folgend, in Richtung Pawigl wandert, dem wird, kurz vor der Überquerung der Ultnerstraße, ein erst kürzlich restauriertes nahezu 70 Jahre altes Wegkreuz auffallen. Es erinnert an meine Urgroßmutter Elisabeth Mitterhofer. Von dort ist es dann nicht mehr sehr weit zum Außerhof, der nach dem Zweiten Weltkrieg aufgeteilt wurde und wo im zweiten Teil mittlerweile eine Jausenstation den Wanderer einlädt.

DER FLÜGELALTAR VON HANS SCHNATTERPECK

Der Kunstinteressierte weiß um eine Kostbarkeit, die sich in der Pfarrkirche von Lana verbirgt: der Flügelaltar von Hans Schnatterpeck. Es ist der größte Flügelaltar Tirols und einer der größten spätgotischen Altäre überhaupt. Aus diesen spätgotischen Flügelaltären spricht die „Kunst für das Volk".

Die einfachen Menschen, die damals weder lesen noch schreiben konnten, hatten in den Flügelaltären eine lebendige Bibel, einen Katechismus zum Anfassen.

Die Hauptaussagen des Neuen und Alten Testamentes wurden aufgezeigt und es wurde von dem Leben der Heiligen erzählt. 1500 Flügelaltäre gab es um 1520 n. Chr. in Südtirol. Viele Kirchen hatten bis zu drei Flügelaltäre. Heute sind von den 2200 Altären in ganz Tirol nur noch ca. 80 erhalten.

Am 18. August 1503 bestellten der Baumeister Konrad Haug von Niederlana und der Kirchenpropst Peter Saltner von Oberlana bei Hans Schnatterpeck, Maler, „bürger des rats an Meran“ einen Hochaltar für die neue Pfarrkirche.

Schnatterpeck stammte aus Landsberg am Lech, war aber ab 1479 als „Niedersitzer“ und ab 1492 als „Bürger“ von Meran registriert. Schnatterpeck hatte damals schon mehrere Gesellen. Der Altar sollte in spätestens acht Jahren geliefert und „eine schöne, neue, artige, wohlformierte Tafl mit gutem, feinen Ducatengold vergüldet, auch mit guter, schöner, beständiger Farb, Arbeit und Zeug meisterlich gemacht, gemalt und zuegricht“ werden.

„Drei ehrbare, der Sachen verständige Männer“ von beiden Parteien sollen nach Fertigstellung des Altars darüber entscheiden, ob dem vereinbarten Lohn von 1600 rheinischen Gulden etwas hinzuzufügen oder abzuziehen sei. (Wie wohl ein solcher Vertrag heute aussehen würde?) Jährlich wurde die Bezahlung von 150 Gulden und die Lieferung von acht Fuder Wein (ca. 6400 Liter pro Jahr oder ca. 18 Liter pro Tag) vereinbart.

Der Altar wurde offensichtlich wie vereinbart geliefert. Er besteht im Wesentlichen aus Lindenholz und ist über zwölf Meter hoch. Bei geöffneten Flügeln beträgt die Breite 6,6 Meter. Von den 31 Quadratmetern Bildfläche nehmen allein 24 Figuren ihren Platz im Hauptschrein ein. Insgesamt tragen über 100 Figuren zu dem überwältigenden Anblick bei. 1826 wurde im Zuge einer Restaurierung eine unsachgemäße „Neufassung“ vorgenommen und die Brustansätze der heiligen Katharina und der klugen und törichten Jungfrauen übermalt.

1945 wurde ein musizierender Engel gestohlen. Er „befindet“ sich heute im Museum of Fine Arts in Cleveland, Ohio, USA.

Das einzige barocke Werk in dieser Kirche, ein Gemälde, stammt aus dem Jahre 1682. Dieses Maria-Himmelfahrts-Bild hängt heute an der Südseite des Chores. Zuvor diente es als Hochaltarbild in Meran. Es kam in einer Zeit nach Lana, als Hunderte von Altären und Teile von Kirchen „barockisiert" wurden. Viele gotische Flügelaltäre wurden verbrannt. Pfarrer Johann Lipp (1779–1795) wollte die Pfarrkirche auch erneuern und kaufte deshalb dieses reife Werk des Hochbarocks als Anfang einer generellen Änderung des Altars im barocken Stil.

Er hatte aber die Rechnung ohne die Ortsbevölkerung gemacht. Die bestanden auf ihrem gotischen Flügelaltar, zumal sie wussten, dass es ihre Vorfahren und nicht die Kirche waren, die den Altar durch Spenden finanziert hatten.

Der „barocke" Kirchenmann versuchte durch ein Schreiben an das bischöfliche Ordinariat Mitstreiter zu gewinnen, da angeblich „von dem altertümlichen Altar fallen öfters Stücke herunter, so dass er seines Lebens beim Messelesen nicht mehr sicher sei". Die Kirchengemeinde in Lana blieb stur und zuletzt musste der Pfarrer eine andere Pfarrei übernehmen. Dadurch ist uns dieses herrliche Kunstwerk erhalten geblieben.

DIE ANFÄNGE VON LANA

Zwar glaubt man aufgrund jüngster Funde auf dem Vigiljoch, dass dort schon vor über 7000 Jahren Menschen auf Jagd gingen, um Lana sind die ersten Dauersiedlungen erst ca. 2000 Jahre v. Chr. auszumachen. Hier, im südlichen Meraner Talkessel, zu Füßen des Vigiljochs und der Mittelgebirge von Völlan und Tisens, an der Verbindung vom Nonsberg über den heutigen Gampenpass herunter, an der Pforte zum Ultental, entlang der Etschtalebene und unweit der Via Claudia, entstand das heutige Lana.

Im Laufe der Jahrhunderte tauchen in den Urkunden verschiedene Bezeichnungen auf wie Lenon, Luonan, Lonan, Laevnan, Leunan. Der namhafte Forscher E. Kühebacher leitet den Namen von einem römischen Legionär und dessen Gutshof ab, der ihm, als verdienten römischen Soldaten, verliehen wurde. Dieser Veteran ließ sich auf dem Schuttkegel der Falschauer nieder und errichtete dort eine „Villa". Der Ortsteil nördlich der Falschauer trägt heute noch diesen Namen. Von dem „Gut des Leo" leitet er „Leonianum", leitet er Lana ab.

Außer den schon erwähnten Funden unter der Pfarrkirche in Niederlana gab es in und um Lana keine bedeutenden Funde aus der Römerzeit. Das änderte sich allerdings durch eine archäologische Sensation, einen Münzfund im Dezember 1995.

Auf einer bewaldeten Hügelkuppe zwischen Lana und Nals wurde der bislang größte Münzfund in Tirol ans Tageslicht befördert. Allerdings fragten sich alle Fachleute, wie die 1000 Münzen aus dem 1. bis 4. Jahrhundert nach Christus, wenige Dutzend Meter über der Etschtalsohle, in ein – zumindest gegenwärtig – völlig siedlungsfreies Gebiet gelangt sind.

Wir wissen allerdings aus früheren Quellen, dass nach dem Zusammenbruch des Römischen Reiches und dessen funktionierender Verwaltung die nun zum Teil ungeschützten Siedlungen an den Talrändern in höher gelegene Regionen verlagert wurden.

Aus einer im Jahre 990 datierten Urkunde entnehmen wir die vermutlich erste urkundliche Erwähnung von Lana (Lenon). Damals schenkten die Welfen ihrem Hauskloster in Weingarten zahlreiche Bauernhöfe, die sie offensichtlich in Südtirol besaßen. Noch einige Jahrhunderte später wurden die Mönche am Bodensee mit dem berühmten

Etschländer Wein versorgt. Nach einer weiteren Urkunde des Klosters Tegernsee aus dem Jahre 1034 wird ein Weingut in „Loina“ erwähnt, das „stets die Abgabe von Wein und Praschlet (Maische)“ zu liefern hat.

Mit über 300 mittelalterlichen Wehrbauten zählt Südtirol zu den bedeutendsten Burgenlandschaften des Abendlandes. Um 1200 wurden auch in Lana Schloss Braunsberg, Burg Brandis, Schloss Leonburg (Lanaburg) und in Völlan die Mayenburg errichtet.

Es gab Zeiten, da musste in Lana aus dem Ultental Fleisch und Getreide eingeführt werden, da der Weinbau jede Agrarfläche in Anspruch nahm. Durch die Etschregulierung und die daraus resultierende Urbarmachung der Etschauen wurde die landwirtschaftlich zu nutzende Fläche vervielfacht. Es begann der Siegeszug des Obstbaus und die Anbauflächen für Wein gingen sogar merklich zurück. Heute ist Lana die größte Obstbaugemeinde Südtirols.

LANA VOR 160 JAHREN

Ludwig Steub, Verfasser der „Lyrischen Reisen“, hat vor nahezu 160 Jahren Lana besucht. Seine Beschreibung möchte ich dem Leser nicht vorenthalten:

Vom Burggrafen Lebenberg kommend „muss ich armes Erdenkind bei finsterer Nacht über diese rauhen Porphyrplatten hinunterrutschen und froh sein, wenn ich beim Rössel in Lana einen harten Stuhl und ein saures Seidel Wein erwische. Endlich aber erreiche ich unversehrt gleichwohl das breite Thal und mein Ziel, das eben genannte Lana, wo ich beim Theisen oder Rössel meine Herberge nahm und mit der Verpflegung sehr zufrieden war, auch den Stuhl nicht hart und den Wein nicht sauer fand.

Lana, Leonianum, ist ein altes Dorf, welches die Römer schon erbaut und mit achtbaren Edelsitzen ausgeschmückt haben. Es beginnt an der schauerlich schönen Schlucht, durch welche der Valzauerbach aus dem Ultenthale herausbricht, und läuft eine Stunde lang an der grünen Bergwand hin, um unten mit einer schönen Kirche an den Schlössern Alt- und Neubrandis auszugehen.

In der schönen Kirche findet sich bekanntlich ein gothischer, zierlich geschnitzter Altar, der viel besucht und betrachtet wird. Die Bauernhöfe und Herrenhäuser, die traulichen Capellen, sowie auch das hiesige Capuzinerklösterlein liegen in aufgelöster Ordnung zwischen murmelnden Bächen und stillen Wiesen, zwischen Blumengärten und Weingütern, unter Cypressen, Kastanien und allerlei Obstbäumen weit zerstreut. Hier sind namentlich die Morgenstunden wunderschön.

Wenn die Sonne über die östlichen Dolomitenwände heraufkommt, ist es gerade, als wenn sie ihren ersten und freundlichen Gruß an dieses Lana richtete. Dann glänzt und funkelt das Dorf im Morgenthau und die ganze Thalseite scheint ein leuchtender Paradiesgarten gegenüber den noch dunklen Halden und finsteren Bergen, die jenseits der Etsch aufsteigen.

Nach den ersten Eindrücken, sagt man, bildet sich das Urtheil. Deswegen hege ich auch ein gutes Urtheil von dem guten Lana, weil ich gleich am ersten Morgen, als ich seine Flur betrat, nämlich am 8. September 1843, die ausbündige Procession zu Ehren von Maria Geburt betrachten konnte, der ich bald darauf eine sehr warme und empfindsame Beschreibung gewidmet habe.

Mit Vergnügen erinnere ich mich auch an den Fähndrich der Lanener Schützen, der nach altem Brauch sich unter Trompetenschall auf dem großen Platze vor dem Rössel aufstellte und seine lange Fahne rhythmisch unter den Achseln und den Beinen durchschwang, so daß sie im Morgenwind fröhlich knisterte und den Boden, so wie es sein soll, nie berührte. Wäre letzteres geschehen, so wäre der Fähndrich entsetzlich verhöhnt worden. Das war ein schönes Stück!

In Lana ist auch, um mit Aventin zu reden, die Schnabelweide sehr gut bestellt. Die Forellen in der Valzauer gehen fast nie aus und die tieferen Ländereien an der Etsch nähren manch wackeres Geflügel. Jetzt wird aber all dieses Zeug mehr und mehr in den unersättlichen Bauch der Meraner Curgäste fallen.

Unser Lana wird aber wohl mit nächstem in die Vorderreihe tirolischer Herbstorte einrücken. Zwar gibts da noch keine Esel, keine Ponies, keinen Coiffeur und keinen Friseur, aber ein paar gute Wirthshäuser sind schon da.

In den alten Ansitzen wären Räume genug für Wohn-, Schlaf- und Speisezimmer, aber zur Zeit werden da nur die Aepfel aufgeschüttet und der frühere Hausrath ist längst verschleppt. Die Landleute in Tirol meinen zwar immer noch, die Fremden aus Süd- und Norddeutschland sollen ihre Möbel selber mitbringen, aber sie werden allmählich einsehen, daß es von Eckernförde oder Stolpe her doch zu weit ist.

Jedenfalls gilt auch Lana nur für eine besondere Gattung von Curgästen, für solche nämlich, die sich des Morgens und des Abends mit einer Promenade durch die Flur des Dorfes begnügen. Die schönen Ausflüge nach Ulten, Tisens u. s. w. gehen alle scharf in die Höhe, so daß sie zu den täglichen Vergnügungen kaum zu rechnen wären. Also braucht ihr nicht alle gleich wieder hierher zu rennen, sondern nur jene, denen die Ruhebank mit schöner Aussicht eben so lieb ist, als die angenehmste Bewegung."

130 Jahre nachdem Ludwig Steub beim „Theisen" einkehrte, waren meine Freunde und meine Familie über Jahre hinweg Stammgäste bei ihm. Meine Mutter feierte dort ihren 70sten Geburtstag in der holzgetäfelten „Hochzeitsstube".

Der Teis oder Weißes Rössel, so hieß er mittlerweile, war aber auch Ausgangs- und Treffpunkt für die Bergsteiger vor einer Tour, oft schon Stunden bevor er – meistens um 6 Uhr früh – seine Pforten öffnete. Viele Bauern nahmen dort über Generationen hinweg am frühen Morgen, nachdem die Tiere versorgt und der Stall gerichtet war, ihren Kaffee oder manchmal auch ihren „Gespritzten" zu sich. Leider hat die Familie Stauder die Gaststätte vor einigen Jahren geschlossen und so wurde aus einem altehrwürdigen Gasthaus in diesen Tagen ein Hotel mit Büro- und Geschäftsräumen.

DAS ULTENTAL

Auf diesem wunderbaren und größtenteils noch naturbelassenen Fleckchen Erde bestimmen nicht Burgen und Ansitze, sondern altehrwürdige Bauernhöfe, die bis auf 1800 m Höhe hinaufreichen, das Landschaftsbild.

Es ist für mich schon ein bisschen verwunderlich, dass es wieder der Vorgang einer Schenkung aus dem Jahre 1082 an das Kloster Weingarten war, der uns einen Blick auf die vorläufig älteste Urkunde aus dem Ultental ermöglicht.

Das ganze Tal bildet bis in die heutige Zeit eine geschlossene Wirtschafts-, Kirchen- und Gerichtsgemeinde. Die älteste Verwaltungseinrichtung dürfte wohl die Pfarre in St. Pankraz gewesen sein, welche uns als bedeutende Urpfarre bereits im ausgehenden 11. Jahrhundert im Traditionskodex des Klosters Weingarten begegnet. Neben der Pfarre, die das ganze Ultental mit Ausnahme des Taleingangs bis Schloss Eschenloch umfasst, besaß Weingarten auch noch die Grundherrschaft über zahlreiche Höfe im ganzen Tal.

Man muss einfach einmal dort gewandert sein oder wie Hans Elsler, Wolfram Hildebrandt, Dieter Staudenmaier und ich über den Kuppelwieser Ferner das Hasenöhrl (3257 m) bestiegen haben, um die Schönheit dieses Tales immer in Erinnerung zu behalten.

Man kann aber auch in der Nähe von St. Gertraud die in keiner Karte vermerkten, über 2000 Jahre alten Lärchen besichtigen, bevor die drei letzten, aus einer fernen Zeit stammenden Zeugen und Kolosse endgültig durch Sturm und Blitze der Natur wieder zurückgegeben werden.

VÖRAN

Mit Vöran verbinden mich viele Dinge. Da ist zuerst das Taufbuch in Vöran, Band 1 und 2, Seite 86, H28, mit dem Namen meines Ur-Ur-Großvaters Georg Kienzl, der 1801 dort getauft wurde und dessen Vater Josef vermutlich um 1760 in Hafling geboren wurde. Meine Mutter erzählte mir, dass sie und mein Vater mich im Wäschekorb 1939 zur Sommerfrische von Burgstall nach Vöran zu meiner Großmutter trugen.

Heute nimmt man dafür die kleine Bahn. Man kann Vöran aber auch von Hafling aus über den Schützenbründlweg erwandern. So machten es mein Freund Wolfram und ich, er mit seiner Frau und seinen beiden Töchtern und ich mit meiner ganzen Familie Ende der 70er Jahre. Zuvor kehrten wir aber noch im Grünen Baum ein.

Das war auch die Zeit, als ich den liebenswerten Pfarrer Senn in Vöran kennen und schätzen lernte. Er war es auch, der mir zu einigen Kenntnissen über meine Vorfahren in

Vöran und Hafling verhalf. Leider war kein Ritter mit altem Wappen in meiner Familie auszumachen. So wie es scheint, waren es nur einfache Bauern mit reichlichem Kindersegen. In den Taufbüchern waren, wie festzustellen war, nur die „legitimen“ Kinder festgehalten.

Herrn Pfarrer Senn lernte ich in seinem alten Widum kennen. Von dem Raum aus, in dem er mich das erste Mal empfing, konnte man durch ein kleines Fenster das ganze Etschtal in seiner natürlichen Pracht überblicken. Keine Burg und kein Schloss in dieser Gegend hätte einen majestätischeren Blick auf dieses Tal ermöglicht.

Das alte Haus gibt es leider nicht mehr. Der Pfarrer und seine „Regierung“ sind in ein modernes Haus umgezogen. Mitgenommen haben sie aber die Gastfreundschaft und die Herzlichkeit, die jetzt in der neuen Umgebung weiterlebt. Nicht nur meiner Frau und meiner Mutter war es vergönnt, mit mir zusammen die natürliche Atmosphäre des Pfarrhauses zu erleben, mittlerweile erinnern sich viele Freunde von mir gerne an die schönen Zusammenkünfte, die uns der Herr Pfarrer Senn in Vöran schenkte.

WANDERUNGEN

Mit Wolfram, seiner Frau Margarete, deren Töchter Monika, Cornelie und später auch Angelika, mit meinen beiden Söhnen Rainer und Claus sowie meiner ersten Frau verbrachten wir viele schöne Urlaubstage in Lana und Umgebung. Ob wir im Braunsberger Hof oder später viele Male beim Toni Platter wohnten, wir wanderten jeden Tag. In der Osterzeit nutzten wir jede Gelegenheit, um auf Meran 2000 Schi zu fahren. In der Blütezeit genossen wir die Wanderwege entlang der Waale oder nach Pawigl und übers Vigiljoch nach Hause.

Wir bestiegen – auch mit anderen Freunden – den Hausberg von Lana, die Laugenspitze (2434 m), und ermöglichten unseren Kindern den ersten Eintrag in ein Gipfelbuch.

Mit meinem Bruder Arthur und seiner Frau Hannelore kam es zu einer der seltenen Wanderungen, die uns zusammen von Dorf Tirol zum Hochmut per Bahn und von dort über die Mutspitze, Taufenscharte, Leiter-Alm wieder zurück führte. Auch feierten wir manchen Geburtstag unserer Mutter in Lana und wanderten ihrem Wunsche entsprechend von Völlan übers Völlaner Bad, St. Hippolyt nach Niederlana.

Wolfram und ich bestiegen in einer der letzten gemeinsamen Bergtouren den Ifinger (2581 m) von der Südseite, nachdem wir beim Taser übernachtet und uns vor dem Aufstieg in der Ifinger-Hütte gestärkt hatten. Mit meinem Schwager Dieter, mit Manfred und Wolfram waren wir auf der Sella-Spitze (3151 m) und von Pampeago aus, wo wir gemeinsam mit den Familien einige Male nach Neujahr auf Schiurlaub waren, bestiegen wir mit Werner einen Teil des Latemars.

Es gäbe noch über viele Wanderungen zu berichten, die lange hinter uns liegen. Ich freue mich aber auch auf die, die wir in den nächsten Jahren noch angehen wollen.

DAS MARTELLTAL

Wie das an anderer Stelle beschriebene Ultental, ist auch das Martelltal als eines der ursprünglichsten Nebentäler bis zum heutigen Tage erhalten geblieben. Es ist ein langgezogenes Hochtal, vom Eingang (ca. 950 m) an der alten Schlossruine Obermontani bis zum Talschluss, den der Cevedale mit seinen 3769 m bildet.

Fast auf halbem Weg liegt die Zufall-Hütte (2265 m), die Michael Rogowski und ich uns Anfang der achtziger Jahre als Stützpunkt für einige Unternehmungen gewählt hatten. Als großartiger Schifahrer musste Michael seine Aufstiege mit Steigfellen z. B. zum Madritschjoch alleine bewältigen, während ich, meinem Können entsprechend, schon oft auf halbem Wege mich wieder so recht und schlecht nach unten mogelte.

An einem der schönen Sonnentage planten wir den Aufstieg ohne Schier zum Cevedale. Franzl Oberhofer, ein guter Bergführer aus der Gegend, ging uns voran. Wir zogen mit unseren Steigeisen bei herrlichem Wetter Schritt um Schritt unsere Spuren im steilen Anstieg zu unserem Ziel. Plötzlich krochen aus dem Tal in rasender Geschwindigkeit Nebelschwaden bergwärts und holten uns nach einer halben Stunde ein.

Vor diesen gelblich und bläulich auseinander quellenden Monstern war ein Entrinnen nicht möglich. Wir waren nun gefangen, unserer Orientierung beraubt und noch weit weg vom Gipfel, aber in den Händen, wie sich später noch zeigen wird, eines erfahrenen Bergführers.

Wir folgten Franzl im Nebel eine weitere Stunde. Der hatte inzwischen das Ziel geändert, um uns ein anderes, dafür aber sicheres Gipfelerlebnis zu garantieren:

Die Suldenspitze (3376 m). Dort angekommen, riss die Wolkendecke für Sekunden auf, bewies uns die exponierte Position, in der wir uns befanden, und schenkte uns auch noch kurz einen atemberaubenden Blick ins Tal.

Weiter gings im dichten Nebel zur Casati-Hütte (3254 m), die wir erst wahrnahmen, als wir 20 Meter vor ihr standen. Dieses Schutzhaus, Rifugio Casati, ist nach einem italienischen Hauptmann benannt, der hier oben im Eis gefallen war. Sie war zu jener Zeit noch nicht geöffnet. Wir fanden jedoch einen Zugang, um uns dort ein bisschen auszuruhen. Gerade genug Zeit, um uns an eine Episode zu erinnern:

Die Übergänge vom Martelltal ins Ultental spielten nicht nur im Ersten Weltkrieg eine strategische Rolle. Die Front verlief unter der Doppelspitze des Cevedale. Die Italiener hielten ihre Stellung nahe dem Schutzhaus am Gletscher, während die Österreicher gegenüber oberhalb am Hang lagerten. Die Stellungen veränderten sich fast nicht, Belauerung und Spionage waren aber unabdinglich. So stellte sich der Wirt Duano, aus dem Ort Santa Caterina, den Italienern zur Verfügung, die Stellungen der Österreicher auszukundschaften. Er sprach gut Deutsch und verkleidete sich als Kapuziner. Er muss wohl seine Sache gut gemacht haben, denn die Italiener gaben ihm nach dem Krieg als Belohnung die Bewirtschaftung der Casati-Hütte, die sein Sohn noch bewirtschaftete, als wir dort eine Pause einlegten.

Aber zurück zur Zufall-Hütte, in die wir am Abend gerne zurückkehrten, und ins Martelltal, das wir bald verließen. Ich kam und komme immer gerne zurück nach „Martell“, das 1340 zum ersten Mal als Gemeinde auftaucht, als es mit dem Haus des Deutschen Ritterordens in Schlanders einen Vertrag über die Lesung einer Sonntagsmesse vereinbarte.

DER MARZOLMHOF

1982 besuchte ich die Frühjahrsausstellung im Haus der Kunst in München. Ein Bild erweckte mein besonderes Interesse. Ich lernte den Künstler, Professor Arthur Eitler, einen Südtiroler, kennen und meine Vermutung bestätigte sich: Der von ihm gemalte Hof stand in Südtirol, im Martelltal. Das Bild befindet sich heute in meinem Besitz und den Hof selbst habe ich in mein Herz geschlossen.

Die Siedlungsmöglichkeiten in diesem Tal sind schon immer beschränkt gewesen. Auf einem Teil wurden früher die Bergleute angesiedelt, die in den Erzgruben des oberen Tales arbeiteten und ohne Grundbesitz waren. Andere Flächen waren wegen der Lawinengefahr von permanenter Nutzung ausgeschlossen. Da blieb nicht mehr viel Spielraum an den Hängen für landwirtschaftliche Entfaltung.

Nach der Beschreibung des Künstlers fand ich 1983 mit meiner Frau den Marzolmhof und seine scheuen Bewohner sehr bald. Die Erscheinung des Hofes vereint alles nur Erdenkliche an einem wunderschönen Fleckchen Erde: Refugium, Betriebsamkeit, Armut, Abgeschiedenheit, Dekadenz, Stolz, Überlebenswille, Freiheit, Ruhe und zwiespältiger Friede. Als wir uns über den mehrere Tonnen schweren Stein, der vor den Grundmauern einer Scheune direkt am Wege lag, wunderten, erzählten uns die jungen Leute von einem dramatischen Geschehen, das ihnen immer noch in den Knochen steckte.

Wenige Monate zuvor löste sich hoch oben, in den vom Hof aus nicht sichtbaren Felswänden ein Koloss von ca. 30 Tonnen und machte sich auf seinen Weg in das Tal. Der Waldstreifen, der sich zwischen den Felswänden und den kümmerlichen, am Steilhang liegenden Almen der Bauern befindet, war wohl von jeher als Schutz vor Lawinen und

Gesteinen für das Tal gedacht. Ob von Menschenhand gepflanzt oder auf natürliche Weise entstanden, dieses Mal nutzte der viele hundert Meter breite Schutzwald nichts.

Nachdem der Riese in den steilen Felswänden so richtig Schwung geholt hatte, war es für ihn ein Leichtes, auch die stärksten Bäume wie Streichhölzer umzuknicken. Diese gewaltige Masse bahnte sich unaufhaltsam einen zerstörerischen Weg durch den Wald. Alles, was sich ihm in den Weg stellte, wurde zertrümmert oder weggeschleudert. Er tanzte auf den umgeknickten Fichten rasend bergab. Manche Bäume wurden nach dem Aufrichten bergwärts geschleudert. So fand man die Gipfel mancher Fichten 200 Meter oberhalb ihres Standortes.

Die letzten Meter im Wald, kurz vor seinem Austritt auf die Alm, müssen wohl seine todbringende Fahrt verlangsamt haben. Die Schneise wurde schmaler. Die Fahrt langsamer.

Das Tosen wurde zu einem Rumpeln. Nun, auf dem freien Feld angekommen, holte er wieder Schwung. Es war die alte Scheune des Marzolmhofes, die sich ihm in den Weg stellte und seinem Wüten ein Ende setzte. Die dicken, alten, von Steinen gleicher Herkunft gesetzten Mauern einer alten, wackeligen Scheune brachten ihn zum Stehen. Die gleichen Steine, kleiner natürlich und von Menschenhand aufgelesen, vor 300 oder vielleicht vor 10.000 Jahren aus den gleichen Wänden heruntergetaumelt, waren es, die eine Katastrophe tief unten im Tal wahrscheinlich verhinderten.

Die Scheune steht nicht mehr, denn sie wurde nicht mehr aufgebaut. Für so etwas gab es damals keine Versicherung, oder der arme Bauer kannte nicht die richtigen Leute. Der Stein liegt heute noch an seinem Landungsplatz. Er ist ohne Sprengung nicht wegzubekommen.

DER AICHENHOF

Professor Arthur Eitler stellte in München aber auch ein Gemälde aus, das eine alte Südtiroler Küche zeigte. Wieder war es ein Hof im Martelltal. Als ich mit meiner Frau den Aichenhof betrat, Grüße von Arthur Eitler an die Eltern und einen Ostergruß von uns an die Kinder überbringend, meinte Frau Oberhofer: „Die Küche, ja die Küche würde man uns schon zeigen, aber sie sei halt nicht aufgeräumt!"

Und dann sah ich die Küche, die er so trefflich in seinem Gemälde festgehalten hatte. So ganz neu war für mich der Eindruck nicht, da ich ja von meiner Großmutter und den Verwandten mütterlicherseits schon in vielen alten Küchen zu Gast war.

Im Aichenhof war sie fast zur Hälfte im Boden eingelassen und nahezu ohne Fenster. Dunkel. Bis zur halben Höhe hingen zwei ganze Speckseiten, die darauf warteten, im Laufe des Jahres sparsam zerstückelt zu werden. Die schwache Lampe, in der Mitte von der Decke baumelnd, wies den Weg zur Ofentür für die Heizung des angrenzenden Wohnzimmers. Dann der viele Jahre alte Herd mit seinen Herdringen und seinem Kupferschiffchen für warmes Wasser, der fast ausschließlich mit dem reisig-ähnlichen Holz der Baumbeschneidungen aus dem geflochtenen Holzkorb befeuert wird.

Beim Betreten des Raumes dachte ich unwillkürlich an meine Wanderungen in den Bergen des Himalaja. Dort, in Nepal, unterschied sich die Küche nur durch die Feuerstelle – anstelle des Herdes – , die in der Regel auf dem Boden in der Mitte des Raumes die Nacht hindurch ihr gespenstisches Flackern verbreitete.

Alles war ähnlich. Empfindungen, Stimmung, Gerüche, das Leben mit und von den Tieren, Materialien für Haus und Leben, Einfachheit und Demut, Beharrlichkeit, die Berge, die Mühen eines normalen Arbeitstages, die Religion, und trotz der aufkeimenden Hoffnungslosigkeit war ein natürlicher Stolz noch auszumachen.

Letztendlich war es aber der Ausdruck der Augen des kleinen Mädchens, der mich bei der Verabschiedung traf und der mir bis heute mehr in Erinnerung geblieben ist, als alle anderen Eindrücke zusammen.

Oberhofer, der Name war mir doch geläufig. Welch Überraschung. Einige hundert Meter weg von Aichenhof wohnte ihr Vetter Franz. Der Franz, der uns einige Jahre zuvor so sicher zur Casati-Hütte geführt hatte. Er hat dort jetzt eine kleine Pension und wir hatten eine große Gaudi beim Wiedersehen.

NATIONALPARK

Das Martelltal ist ein Bestandteil des Nationalparks „Stilfser Joch", des größten Nationalparks in Italien. Er erstreckt sich über vier Provinzen: Bozen, Trient, Sondrio und Brescia.

Dieser Nationalpark grenzt im Norden an den Schweizer Nationalpark Engadin, im Süden an den Nationalpark Adamello-Brenta im Trentino und an den Regionalpark Adamello in der Lombardei. Gegen Osten ist der Südtiroler Naturpark Texelgruppe nur wenige Kilometer entfernt und gegen Westen der Naturpark von Livigno in der Region Lombardei, dessen Ausweisung demnächst erfolgen soll.

Von den mächtigen Gebirgszügen, besonders dem Ortler-Cevedale-Gebirgsmassiv, laufen zahlreiche Täler aus, die von Gletschern gebildet und von den Wassern mitgeformt wurden. Es entstanden in jedem Tal Besonderheiten. Der Vinschgau mit seinen mächtigen eiszeitlichen Schuttkegeln, das Ultental mit seinen Wäldern und Seen, das hoch gelegene und langgezogene Martelltal, das Trafoi- und Suldental und das Rabbital, das Pejotal, das Veltlin und das Valfurva mit ihren Mineral- und Heilwasserquellen.

Dieser Naturpark mit seinen mehr als 1500 Pflanzenarten bietet alles, was die Natur an Farbschattierungen hervorzubringen hat. Die Wälder zählen zu den abwechslungsreichsten in Europa. In der blühenden Jahreszeit werden die einfachsten Wiesen zum Zeugnis farblicher Vielfalt. 50 verschiedene Orchideenarten fühlen sich dort zu Hause und zeigen jedes Jahr ihre farbliche Besonderheit von neuem.

Die vielen unterschiedlichen Interessen prallen immer wieder aufeinander. Den landwirtschaftlich genutzten Flächen, ganzjährig bewohnten Berghöfen, Weilern und auch ganzen Dörfern steht der Wille, die Landschaft zu schützen und unberührt zu erhalten, gegenüber. Dieses Nebeneinander von unberührter Naturlandschaft und einer seit Jahrhunderten geprägten Kulturlandschaft mit Alm- und Forstwirtschaft scheint aber ein Garant für eine positive Zukunft in dieser Region zu sein.

DER WAAL

Gerne erinnere ich mich an die Wanderungen mit meiner Familie und meinen Freunden entlang der idyllischen Wege am Waal. Diese beinahe eben dahinplätschernden Wasserläufe führen über Wiesen und durch schattige Wälder, durch Obst- und Weingärten, vorbei an alten Bauernhäusern, Burgen und einladenden Jausenstationen.

Vor 30 Jahren habe ich mich meinen Kindern zuliebe von dem Gurgeln und dem leisen Rauschen anziehen lassen. Heute bin ich wieder zurückgekehrt und genieße, teils im Schatten, teils in der Sonne, die Ruhe, verbunden mit atemberaubenden Ausblicken, die nicht selten nach einer neuen Wegbiegung zum Vorschein kommen.

Zwischen Lana und Marling erstaunte mich und meine Freunde noch in den sechziger Jahren die gelungene Konstruktion einer alten, aber zweckdienlichen Waalschelle: Ein von einem Wasserrad bewegter Draht zog drei Meter über der Wasseroberfläche auf dem Ast eines Kastanienbaumes bei jeder Umdrehung an einem raffiniert gelagerten Hebel, der über einen Federkern einer Matratze zurückfederte und auf einer großen Marmeladedose einen weithin hörbaren Ton verursachte. Drehte sich das Schaufelrad wegen Wassermangels nicht mehr, wusste der Waalaufseher, dass er einen Schaden zu beheben hatte.

Leider ist diese originelle und billige Konstruktion genauso verschwunden, wie viele der schönen Waalschellen entlang der alten Wasserläufe. Dieser Marlinger Waalweg, der von Lana bis Forst führt, ist heute mit seinen zwölf Kilometern Länge der längste Waalweg in Südtirol. Geht man ihn in Richtung Algund weiter, kommen noch einige Kilometer schönster Natur dazu.

Der Wandel ist aber nicht zu übersehen. Mit der Nutzung moderner und effizienterer Möglichkeiten der Wasserversorgung begannen viele der uralten Waale zu sterben und mit ihnen genauso alte Bräuche und Lebensräume.

Um 1930 wurde bei Bozen die erste moderne Beregnungsanlage des Landes in Betrieb genommen. Der Waal und die mit ihm durchgeführte Bewässerung spielt 70 Jahre danach für den größten Teil der Südtiroler Landwirtschaft nur noch eine untergeordnete Rolle. In manchem Waal, an dem wir noch vor 30 Jahren wanderten, fließt heute nicht einmal mehr Wasser. Daneben gibt es aber auch Gemeinden, die neuerdings den Waal als Kulturdenkmal wieder aktiviert haben, und andere, die den inzwischen wasserlosen Waal als Wanderweg erhalten wollen.

Es gibt noch kleine Gebiete in Südtirol, wo die Bewässerung der Waale und die dazugehörenden Rechtsverhältnisse eine unzertrennliche Einheit bilden und dort nach wie vor als ein Stück alpiner Kulturgeschichte zu bewundern sind. Es ist aber nur noch eine Frage der Zeit, bis auch dort die moderne Infrastruktur ihren Einzug hält, um den Menschen auch im entferntesten und hoch gelegenen Bauernhof das Leben scheinbar zu erleichtern, dann wird auch die letzte Einheit der Vergangenheit angehören. Eine der wichtigsten Einnahmequellen wird auch in der Zukunft für Südtirol der Tourismus sein. Deshalb ist zu hoffen, dass kulturgeschichtliche und touristische Aspekte das Überleben der Waale sichern.

Künstliche Bewässerung war und ist für viele Völker auf der Welt die Voraussetzung für eine effektive Nutzung der landwirtschaftlichen Flächen und damit fürs Überleben. In China versorgen gewaltige Wasserkanäle mit kilometerlangen Aquädukten die Berghänge, Babylonier, Assyrer und Römer beherrschten die Bewässerungstechnik ebenso wie die Völker in den Bergen des Himalaja und die Bewohner in Thailand und Europa.

Der Vinschgau besaß in Südtirol die meisten Waale. Das große Waalsterben ist aber in vollem Gange. Im mittleren und unteren Vinschgau sowie in der Talsohle sind sie fast gänzlich verschwunden. Das Gleiche gilt auch für Seitentäler, wie z. B. das Martelltal, Schnalstal usw. Die großen Waale in der Umgebung von Meran sind zu einem großen Teil noch erhalten und wie schon erwähnt auch der Waal von Lana über Marling nach Forst. Im Passeiertal hat die große Veränderung auch schon Fuß gefasst. Im Ultental sind noch viele Waale in Betrieb. Verschwunden sind sie hingegen von den Hangterrassen von Tisens und Prissian, in den Bereichen von Andrian, Nals, Eppan und Bozen.

Der Grund für die ursprünglich dichte Wasserversorgung im Vinschgau liegt deutlich auf der Hand. Es ist mit nur 500 bis 700 mm jährlichem Niederschlag eines der niederschlagsärmsten Täler der gesamten Alpen. Auch Bozen und Meran liegen bei ca. 750 mm, während das Ultental und das Passeiertal schon auf ca. 1000 mm kommen. In den Hochgebirgen rund um den Vinschgau beträgt die jährliche Niederschlagsmenge über 1500 mm, und von dort wird ein Teil der Waale gespeist.

Der bislang älteste Fund eines Waals wurde auf das 6. Jh. v. Chr. datiert. 1978 entdeckte man bei Ausgrabungen in der Nähe von Pfatten einen Wasserkanal mit flacher Sohle und 50 cm hohen Seitenwänden aus Porphyrplatten. Die ersten Dokumente über Waale tauchen aber erst im 12. Jahrhundert auf und gehen einher mit den ersten Urkunden, die aus Südtirol stammen. Das Wort selbst wird von anerkannten Namenforschern (unter ihnen Finsterwalder und Schatz) vom romanischen Wort „aquale“ (Wasserleitung) abgeleitet.

Natürlich sind nicht alle Wasser gleich. In der Regel kommt das Wasser von Bächen aus den schluchtartigen Seitentälern der Südtiroler Haupttäler, die immer genügend Wasser führen. Zwar wusste man, dass das Wasser aus den

Schiefergebirgen besser war als jenes aus den Dolomitzonen, und man nutzte dieses Wissen so gut es zu verwirklichen war auch aus. Ganz wichtig aber war die Temperatur, denn zu kaltes Wasser konnte dem Wachstum der Pflanzen mehr schaden als nutzen. Der Waal konnte ja dieses Problem durch sein langsames Strömen über viele Kilometer hinweg lösen. Das war auch notwendig.

Das Vorhandensein von Waalen in Hochlagen lässt sich heute noch nachweisen. Der Tarscher und Goldrainer Jochwaal und der Klammerwaal in Schnals liegen in Höhen zwischen 2400 und 2700 Meter. Der Breitenspitzwaal, der nicht lange in Betrieb war, wurde von einem Wasser in 3000 Meter Höhe gespeist. Dies war einmalig in den ganzen Alpen. Die Führung in mehreren übereinander liegenden Trassen ermöglichte die Überleitung von einem Hochtal über einen Hochgebirgskamm in ein anderes Tal.

Auf Hochalmen und an Berghängen dienten die Waale auch einem anderen Zweck, nämlich zum Antrieb eines Mühlrades. So endeckte ich in der Nähe des Marzolmer-Hofes im Martelltal 1981 eine uralte Getreidemühle am Hang unterhalb des Hofes, die von einem Seitenarm des Waales angetrieben wurde. Auch benützte man in der Nähe der Almweiden nicht selten das Wasser eines Waales zum Antrieb eines Butterkübels. Aber auch in den Dörfern diente der Waal, um Maschinen in Schmieden oder Sägewerken in Bewegung zu setzen. Früher wurde er auch in den längst stillgelegten Bergwerken genutzt. Als Zufluss für Speicherbecken ist er heute noch wichtig für die Feuerwehr und als Tränke für die Tiere fernab der Behausungen unentbehrlich.

So waren es sicherlich vor 50 Jahren noch mehr als 1000 Kilometer Waale, die Südtirols Fruchtbarkeit mit begründeten. Nicht mitgerechnet wurden dabei die kleinen Acker- oder Wiesenwaale, Ilzen genannt. Der Vorgang selbst hieß „Wassern“: Durch Einschieben eines Brettes oder Steines senkrecht zum Lauf des Waales wird über mehrere Meter auf der Talseite des Waalverlaufes das Wasser – langsam in die Wiese einsickernd – bis zum nächsten Querwaal oder dem Ende des Feldes geführt.

Nach und nach wird der gleiche Vorgang so lange wiederholt, bis das ganze Feld durchtränkt ist. Diese Ilzen sind praktisch verschwunden und von den oben erwähnten 1000 Kilometer langen genutzten Waalen sind im Jahre 2001 allenfalls noch 200 Kilometer in Betrieb.

Bei allen positiven Argumenten, die die Vertreter der neuen Bewässerungsmethoden ins Feld führen (die meisten Landwirte sind ja auf deren Seite), darf man nicht vergessen, dass in dem riesigen Umfeld der Waale und der damit einhergehenden „Tschötten" eine unvorstellbar reiche Pflanzen- und Tierwelt zu Hause war, deren Lebensraum jetzt total verändert wurde.

Von einem der vielen Bäche in den wilden Schluchten von Südtirol nahmen an flachen Stellen oft mehrere Waale ihren Ausgang. „Einkehr" werden diese Erfassungen oder Ableitungen vom Bach genannt. Holzgerüste und Rechen zum Abfangen von Holz und Laub sowie Sandgruben zur Reinigung des Wassers und Überlaufregulierungen sorgten für eine kontrollierte Einleitung in die Waale. Ein solcher Waal wird dann auch Hauptwaal oder Tragwaal genannt.

Erst bei den großen Unwettern der letzten Jahre, wo die Wildbäche im Vinschgau großen Schaden anrichteten (und nicht nur dort), erinnerte man sich an die Bedeutung der Waale als Auffangelemente, die derartige Katastrophen zwar nicht verhindert, jedoch deutlich abgeschwächt hätten.

Es gibt Kulturdenkmäler verschiedener Art: Kirchen, Bilder, Statuen, Bücher, Schlösser, Ruinen, Gräber, Straßen und Aquädukte. Vieles wurde und wird von frevlischer Hand durch Dynamit und Feuer oder von Maschinengewehrsalven zerstört. Manches allerdings auch von der Natur selbst. Die Via Claudia aber, als positives Beispiel, versuchen ein paar Individualisten wieder ins Bewusstsein zu bringen.

Es wäre unverzeihlich, wenn es uns nicht gelingen würde, dieses uralte Bewässerungssystem der Nachwelt in den wichtigsten Elementen zu erhalten. In diesen Waalen finden wir den unbändigen Willen eines Volkes wieder, das über Jahrhunderte hinweg durch Aufopferung, Können und den Glauben an eine Zukunft das geschaffen hat, was wir heute an Südtirol unter anderem auch mit seinen Waalwegen so lieben.

WEIN AUS SÜDTIROL

Auf dem „Außerhof" meines Urgroßvaters, der an der Pforte zum Ultental liegt, wurde bis in die zwanziger Jahre des letzten Jahrhunderts nicht nur Wein selbst angebaut, sondern auch hergestellt. Davon zeugen auch die Räumlichkeiten und Maschinen, die heute noch zum Teil an die früheren Tage erinnern. Besonders stolz war mein Urgroßvater auf die Tatsache, dass er nach Lana in die Kirchen den Messwein (damals Opferwein genannt) liefern durfte. Ich gehe davon aus, dass die Pfarreien dazu viele gläubige Bauern ohne Schwierigkeiten animieren konnten.

Als meine Großmutter mütterlicherseits 1969 mich wissen ließ, dass der letzte Weinberg der Familie in Lana für 20.000.– DM zum Verkauf stünde und mir das Vorkaufsrecht angeboten würde, musste ich absagen. Es war gerade der Rohbau meines ersten Hauses in Heidenheim fertig und meine Finanzierungsmöglichkeiten schon durch dieses Projekt mehr als strapaziert. Die Familie stellte – wie so viele – ganz auf den Obstanbau um. Während in Lana z. B. noch 1859 273 ha Rebfläche gezählt wurden, reduzierte sich die Fläche im Jahr 1925 auf 179 ha. Zur Zeit sind es in Lana nur noch ca. 40 ha. Der Obstanbau hat seinen Siegeszug bis in die höheren Regionen des Landes angetreten.

Als Weinliebhaber, vor allem Rotwein, hatte ich bei meinen Einkäufen die Südtiroler Weine über viele Jahre hinweg gemieden. Masse und Billigprodukte hatten hier in dieser Zeit Priorität vor Qualität. Da waren mir die Weine aus der Toskana und aus Piemont doch so richtig ans Herz gewachsen. Seit einigen Jahren scheint es aber eine Veränderung in den Kellern und Köpfen der Südtiroler Weinbauern zu geben.

In den letzten drei Jahren habe ich nicht nur bei meinen Besuchen dort hervorragende Weine getrunken, ich brachte sie auch mit nach Hause und konnte damit schon manchen Weinliebhaber und Freund positiv überraschen.

Zuvor aber ein kleiner Rückblick in die Vergangenheit. Der Weinbau in Südtirol blickt schon auf vorrömische Zeiten zurück. Sicherlich haben aber die Römer neue Impulse und Verbesserungen ins Etschtal gebracht.

Wein war über Jahrhunderte hinweg das wichtigste landwirtschaftliche Erzeugnis und oft einziges Ausfuhr-Produkt. Es wurde immer wieder zwischen „Welschtirol“ und den Bauern an der Etsch unterschieden. Unzählige Male versuchten die Bauern des Etschtales auf den Landtagen die Lieferung von welschen Weinen nach Nordtirol zu verhindern. Sie kämpften sogar gegen jedes Projekt einer neuen Bierbrauerei.

Im Mittelalter genossen die Südtiroler Weine auch in Deutschland einen ausgezeichneten Ruf, und die zahlreichen Güter, die die schwäbischen und bayrischen Stifte und Klöster in Südtirol besaßen, bezogen sich fast ausschließlich auf Weingärten.

Aber schon Vincenc von Prag, der im Jahre 1158 Friedrich I. auf seinem Italienfeldzug begleitete, und Gottfried von Viterbo, der in seinen Schilderungen über die Taten eben jenes Kaisers berichtete, sowie der größte Epiker des Mittelalters, Wolfram von Eschenbach, rühmten den Bozner Wein. Auch Oswald von Wolkenstein sehnte sich in der Fremde nach seinem Südtiroler Wein.

Ulm war im Mittelalter der Hauptumschlagsplatz für deutsche Weine. Den zweiten Rang, nach dem Rheinwein, nahmen aber schon die Südtiroler Weine ein.

Die Welschtiroler errichteten damals, sehr zum Ärger der Herren an der Etsch, Weinauslieferungslager in vielen deutschen Reichsstädten. Bis ins 17. Jahrhundert wurde meist „Höpfwein" produziert, d. h., der Gärung wurde nur der reine Saft, ohne Kerne, Stengel und Schale (Praschlet) übergeben. Die Weinpreise schwankten damals innerhalb weniger Jahre, abhängig von der Ernte und Qualität, um 400 Prozent.

Aus früheren Quellen konnte ich entnehmen, dass es im 16. Jahrhundert unterschiedliche Anpflanzungsarten zwischen Deutsch- und Welschtirol gab. „In Welschtirol verwendet man auf den Weinbau viel weniger Sorgfalt und Geld; da werden die Reben theils noch an den Bäumen, meist aber an senkrechten Stangen hinaufgezogen, im Etsch-Land legt man die kostspieligen Weinlauben an, die eine Menge von Holz verschlingen und den Weinbau sehr vertheuern; aber hier tragen Reben selbst 100–150 Trauben, in dem Eisack-Thale herrscht der sogenannte Strarebenbau vor, bei dem die Reben an niedrigen Pfählen hinaufgeleitet werden" (Dr. Josef Egger, 1882, Des Volkes Erwerbsquelle ...).

Aus dieser Zeit könnte sich ein markantes Südtiroler Rebenerziehungssystem erhalten haben: die Pergel (süddeutsch für Weinlaube). Welcher Südtirolfreund hat nicht auf seinen Spaziergängen entlang der Waale die galgenartigen Holzgerüste, an denen sich die Reben in die Höhe ranken, kennen gelernt, vielleicht sogar schon einmal im Schatten eines solchen mehr als mannshohen Daches vor einer Jausenstation seinen Wagen geparkt.

Die Südtiroler glauben, dass die Traube in der Sonne „Schmerzen" erleidet und im Schatten besser gedeiht. Tatsache ist aber, dass das Erziehungssystem das Aufbinden mehrerer Fruchtruten erlaubt und damit ein größerer Ertrag zustande kommt. Das System wird auch fast nur noch beim Vernatsch angewandt.

Nochmals kurz zurück in das Mittelalter. Damals galten als beste Weine die Bozner Leitenweine, der Terlaner Weißwein, der rubinfärbige Kalterersee-Wein und der Traminer. Folgende Traubensorten dominierten: Vernatsch, Versaile, Weißwelsch, Edelschwarz oder Maximin, Schwarzwelsch, rote Heinisch, rote Härtling, Lagrein, Teroldego, Vicentina, weiße Terlaner, Salzen und Trebiona.

Ein Problem verbindet die damaligen Produzenten mit den heutigen: die schwarzen Schafe in der eigenen Zunft. Der massenhaft erzeugte „Kunstwein" nahm nicht nur im 17. und 18. Jahrhundert überhand. In Bozen sah sich schon 1489 Kaiser Friedrich III. gezwungen, ein Verbot gegen die Weinfälschung zu erlassen.

Nicht nur damals, sondern auch heute, wird das Klima in Südtirol nicht nur vom warmen, mediterranen Wetter beeinflusst. Abhängig von der Höhenlage der Weingärten, können auch sehr starke kontinentale Einflüsse, wie tiefere Temperaturen und hohe Luftfeuchtigkeit, sich bemerkbar machen. Daraus resultieren die Besonderheiten der dort angebauten Weine. Wie überall, werden auch hier die Rebsorten von den speziellen Böden geprägt. In bestimmten Gegenden (von Kaltern bis Meran) wird auf rotem Porphyr und Porphyrsandstein, vermischt mit Lehm, angebaut. In der Gegend von Tramin bis Kurtatsch überwiegen Kalk- und Dolomitgesteine und an den Talhängen bei Brixen und Klausen überwiegt der Quarzphyllit.

Unabhängig vom Charakter des Bodens ist es interessant zu wissen, dass 86 Prozent der Landesfläche über 1000 m und nur 4 Prozent unter 500 m Höhe liegen. Ein wesentlicher Anteil des an anderer Stelle schon beschrieben Rückgangs der Weinanbaufläche ist darauf zurückzuführen, dass 90 Prozent der Bevölkerung auf den erwähnten 4 Prozent der Landesfläche, die unter 500 m Höhe liegen, wohnt. Alles, auch der Weinanbau, konzentriert sich dann auch noch auf das Etschtal.

Seit 1920 schrumpfte die Weinanbaufläche auf 50 Prozent. Dafür waren aber sowohl ausgedehnte Urbanisationen, die rasante Entwicklung des Obstanbaus, die versäumte Umstellung auf hochwertige Weine und die viel zu späte Reaktion auf die grundlegenden Veränderungen des internationalen Weinmarktes verantwortlich.

Innerhalb Italiens gehört Südtirol zu den kleinen Anbaugebieten (zur Zeit ca. 5000 ha) und ist damit gerade mal doppelt so groß wie eine kleine Weißwein-Appelation in Frankreich. Während aber dort nur eine Rebsorte anzutreffen ist, z. B. Chardonnay, findet man in Südtirol etwa 25 verschiedene Sorten, und zwar rote wie weiße. Nicht selten findet man nun auch in Südtirol den Ausbau von Weißweinen (meistens Chardonnay und Pinot Grigio) in Barriques.

Das Gleiche gilt für Rotweine, die heute durch neue Produktionsmethoden viel fruchtiger, kräftiger und langlebiger geworden sind. Auch findet man nun immer mehr Cuvées in den Angeboten der guten Weinproduzenten.

Nach wie vor repräsentiert der Vernatsch, also der helle und allen Touristen als typisch Südtiroler Wein (Kalterersee, St. Magdalener, Meraner Hügel etc.) bekannt, 50 Prozent der Gesamtproduktion. Nur 13 Prozent fallen unter die Kategorie „bessere Rotweine", der Rest sind Weißweine. Bei den Weißweinen führt mit 12 Prozent der Produktion der Weißburgunder, gefolgt von Chardonnay mit 9 Prozent und dem Pinot Grigio (Ruländer) mit 5 Prozent die Rangliste an, gefolgt von Gewürztraminer, Müller-Thurgau, Silvaner usw. Wie schon gesagt, bei den Rotweinen ist der Vernatsch mit ca. 50 Prozent Spitzenreiter, gefolgt vom Pinot Nero (Blauburgunder) mit 11 Prozent und dem Lagrein, einer alten, dunklen Sorte, die ich persönlich wieder besonders schätzen gelernt habe und die aufsteigende Tendenz zeigt, mit 5 Prozent. Danach rangieren die Sorten Merlot, Cabernet Franc, Cabernet Sauvignon etc.

DER DEUTSCHE ORDEN IN SÜDTIROL

Auch in Tirol hinterließen die Kreuzzüge ihre Spuren, obwohl man schon damals dachte, dass man durch die Teilnahme mancher Zeitgenossen auch von vielen Übermütigen und Waffennarren befreit würde. Die wenigen Zurückgekehrten brachten nicht selten neue Sitten und die Bekanntschaft mit anderen Künsten und Neuheiten mit.

Nach der Ordensgründung im Heiligen Land um 1190 entstand auch in Südtirol der Deutsche Orden, aus dem einst Preußen hervorging. Die Standorte der „Ballei an der Etsch und im Gebirge" wurden planmäßig angelegt. Sie dienten zur Sicherung der Straßen und Gebirgspässe für die Italienzüge der deutschen Kaiser und für Reisende. Daneben erfüllten sie eine sozialkaritative und seelsorgerische Aufgabe.

Das erste Ordenszentrum südlich des Brenners wurde 1263 vom Grafen Hugo von Taufers in Sterzing angelegt. Es lag am Fuße der Straße über den Jaufenpass und am Weg zum Penser Joch. Nimmt man den Weg über den Jaufen, erreicht man auf der anderen Seite die Pfarrei in St. Martin im Passeiertal und von dort alsbald Meran; über das Penser Joch die Pfarrei Sarntheim und von dort geht's nach Bozen. Beide Pfarreien waren auch im Besitz des Ordens.

Die zuvor geschilderte und von den Römern ursprünglich angelegte Straße führte ja vom Brenner durch das Eisacktal und nach dem Städtchen Klausen über den Ritten nach Bozen. Dem bekannten System folgend, lag nun eine Station des Ordens in Klausen und eine weit größere auf dem Scheitelpunkt der Straße, die über den Ritten nach Bozen führte. Bernhard von Lengmoos, selbst Ordensritter und erster Land-Komtur an der Etsch, hat die Kommende Lengmoos aus seinen eigenen Gütern gestiftet.

An der Kirche in Lengmoos und im Ordenshaus wird einem die Vergangenheit des Ordens auch heute noch gegenwärtig. Als ich 1997 mit dem heutigen Deutschherrenmeister, Dr. Eugen Volz, und weiteren Freunden diesen Ort besuchte, wurden wir von dem bekannten Pater Cornelius durch die Räume des Ordenshauses geführt. Der damals amtierende Großmeister Wieland, der in Wien residierte, stammt aus der unmittelbaren Nachbarschaft des Ordenshauses in Lengmoos.

Unvorstellbar, welche Besitztümer ehemals zu dem Orden gehörten. Vor 1918 gehörten allein zur Komturei Lengmoos 146 Bauernhöfe. Den Hauptertrag erbrachten aber schon damals die Weingüter um Meran und Lana. Die in späterer Zeit oft als „Pfaffenballei" bezeichnete Ordensprovinz an der Etsch und im Gebirge wurde im positiven Sinne ihrer unschmeichelhaften Bedeutung gerecht. Nur die Augustiner-Chorherren von Neustift hatten eine größere Anzahl von Pfarreien zu betreuen als die in Lana.

Die ursprüngliche Weltpfarre kam 1396 durch päpstliche Schenkung an den Deutschen Orden. Lana leistete immer die höchsten Abgaben aller Ordenspfarreien in der Ballei und war, abgesehen von einer hundertjährigen Unterbrechung zwischen 1550 und 1650, durchwegs mit Ordenspriestern besetzt.

Ihren Wohnsitz hatten die Ordensgeistlichen in dem seit dem 16. Jahrhundert ordenseigenen Ansitz St. Anna. Dieser weitläufige spätgotische Bau, der als Denkmal europäischen Ranges gilt, wurde in den letzten Jahren zu einem Pflegeheim umgebaut. Im 19. Jahrhundert ging von Lana die Erneuerung der gesamten Ordensgemeinschaft aus. P. Peter Rigler und Hochmeister Erzherzog Maximilian von Österreich schufen hier um 1855 den ersten Priesterkonvent im Orden.

Im Kloster Lanegg wurde 1840 das Mutterhaus der Deutschordensschwestern geschaffen. Lana wurde damit plötzlich zum Mittelpunkt der Neubelebung für den ganzen Orden. Lana, seit 1844 Dekanatssitz, ist als Zentrum und als Residenz des Ordens erhalten geblieben, dessen wirtschaftliche Grundlage nach wie vor u. a. die Weingüter bilden.

Zu erwähnen wäre dann auch noch die Niederlassung des Ordens in Schlanders als erste Station nach dem Reschenpass in Richtung Süden. Kaiser Friedrich II. ließ sie im Jahre 1135 errichten. Noch heute gibt es in Schlanders das „Spital", die Spitalskirche und das große Ordenshaus. Erwähnenswert ist außerdem das Augustinerkloster in Trient, das Papst Innozenz IV. dem Deutschen Orden übergab.

LANDPLAGEN

1338 vernichteten Heuschreckenschwärme, die über Ungarn und die Steiermark an die Etsch kamen, bis auf die Weinstöcke alles Fressbare. Zwei Jahre später und im darauf folgenden Jahr kam wieder ein vernichtender Heuschreckenzug, diesmal über das Pustertal nach Brixen, und wütete über 20 Tage lang auch im Raum Bozen.

In den Herbstmonaten des Jahres 1339 trug eine Flutwelle alle Brücken von Klausen bis Bozen mit sich hinweg, und zwischen Neumarkt und Tramin entstand ein großer See.

Ein Erdbeben der Stärke 5,2 hat am 17. Juli 2001 den Nordosten Italiens erschüttert. Das Epizentrum lag in der Nähe von Meran und erinnerte an das Jahr 1344, wo ein sehr schweres Erdbeben Südtirol heimsuchte und besonders in Bozen große Schäden anrichtete.

Der schwarze Tod, so nannte man damals die Pest, wütete in Südtirol und dezimierte die Einwohnerzahl in vielen Tälern. Leider waren schon damals die Menschen dem Irrglauben verfallen. In einigen Orten schrieb man nämlich diese Unglücksfälle den dort lebenden Juden zu.

Diese unmenschlichen Gerüchte wurden auch noch genährt durch die auch damals unverständliche Verordnung von Ludwig von Brandenburg, der 1349 jüdische Güter durch die landesfürstliche Kammer einziehen ließ.

DIE BLUTBERGE DER DOLOMITEN

Am 28. Juni 1914 wurde der österreichisch-ungarische Thronfolger Erzherzog Franz Ferdinand in Sarajevo erschossen. Die Spur der Attentäter führte nach Belgrad. Österreich-Ungarn erklärte vier Wochen später den Serben den Krieg und löste in der Folge damit den Ersten Weltkrieg aus. Das Königreich Italien, durch den Dreibund mit Deutschland und Österreich-Ungarn verbunden, erklärte seine „Neutralität".

Italien begann nun einen hohen Preis für die Einhaltung dieser Neutralität von Österreich zu fordern: Tirol bis zum Brenner, Görz und Gradiska sowie Teile von Dalmatien. Kaiser Franz Josef kam diesen Erpressungen weit entgegen. Er erklärte sich zur Abtretung des heutigen Trentinos (damals Welschtirol genannt), allen italienischen Städten in der Gradiska und auch zu einem Sonderstatus für Triest bereit, verweigerte aber die Herausgabe des deutsch besiedelten Südtirols.

Am 3. Mai 1915 schloss Italien einen Geheimvertrag mit den Alliierten, wonach ihm Tirol bis zum Brenner, Görz und Gradiska sowie fast ganz Dalmatien zufallen sollte, wenn es innerhalb von vier Wochen der Donaumonarchie den Krieg erklären würde. Danach trat Italien am 4. Mai aus dem Dreibund aus und erklärte am 23. Mai 1915, nach dreißigjähriger Zusammenarbeit, seinem bisherigen Bundesgenossen Österreich-Ungarn den Krieg.

Wie in jedem Krieg, so mussten auch in den folgenden Jahren wieder Hunderttausende ihr Leben lassen. Was sich aber zwischen Mai 1915 und Oktober 1917 in den Dolomiten abgespielt hat, war eine der unglaublichsten und schrecklichsten Vorgänge in der Geschichte der Menschheit. In diesen 20 Monaten standen sich auf den Bergen der Dolomiten die italienischen und österreichischen Streitkräfte in einem erbitterten Stellungskrieg gegenüber.

Daraus entwickelte sich eine Teilung der Dolomiten. Der Frontverlauf begann an der Cima d'Asta und reichte über Cauriol, Rolle-Pass, San-Pellegrino-Pass, Marmolata, Col di Lana, Falzarego-Pass, Lagazuoi, Tofane, Cristallo und Drei Zinnen bis zum Kreuzbergpass.

Der Col di Lana, von den Italienern auch Berg des Blutes genannt (Col di Sangue), war einer der am heißesten umkämpften Berge in dieser traurigen Geschichte. Im Gegensatz zu anderen Kampfgebieten, hofften die Italiener hier, an der niedrigsten Stelle, mit großen Massen durchzubrechen. Sie rannten vergeblich an. Am 15. Dezember zum letzten und gleichzeitig zum 97. Mal. Der Minenkrieg und ein Inferno begannen.

Am 17. April sprengten die Italiener mit fünf Tonnen Dynamit den Gipfel des Col di Lana mit der österreichischen Besatzung in die Luft. Die Österreicher zogen sich auf den nur wenige Meter entfernten Monte Sief zurück. Wieder erfolgten Sprengungen der Italiener und am 21. Oktober 1917 eine solche der Österreicher mit 45 Tonnen Sprengstoff, die den Verbindungsgrat zwischen Col di Lana und Monte Sief zerstörte. Auch dies brachte keinen Frontwechsel. Danach zogen sich die Italiener zurück.

Im Frühjahr 1916 besetzten die Österreicher die Marmolata. Den Alpini gelang zur selben Zeit die Durchsteigung der Marmolata-Südwand mit Artillerie, die die österreichischen Stellungen und deren Nachschub in Atem hielt. Der Österreicher Leo Handl hatte die scheinbar rettende Idee, das gesamte Leben unter Eis zu verlegen. Es entstanden eine Eisstadt mit Barackensiedlung im Inneren des Gletschers und Stollen, die in die Felswand gebohrt wurden, um der Artillerie Ausschussmöglichkeiten in Richtung Südwand zu geben. Am 13. Dezember 1916 löste sich von der Punta di Penia eine gewaltige Lawine und verschüttete das österreichische Lager Gran Poz. 300 Tote forderte allein dieses Unglück. Im Herbst zogen sich die Italiener zurück.

Vom Monte Sief verlief die Front weiter über den Sett-Pass, den Valparola-Pass, den Sasso di Stria (Hexenfelsen) und den Falzarego-Pass auf den Kleinen Lagazuoi. Vom Hexenfelsen aus und zusammen mit dem Sperrfort Tre Sassi war eine Kontrolle der Dolomitenstraße zum Gadertal durch die Österreicher gewährleistet. Sie bauten die Stellungen, darunter einen langen Versorgungsstollen, aus.

Die Italiener hatten sich auf der anderen Seite in der Wand des Kleinen Lagazuoi auf einem kleinen Felsband (Cengia Martini) eingenistet und beschossen von dort aus die österreichischen Nachschublinien. Versuche über Monate hinweg, sich gegenseitig zu vertreiben, scheiterten. Der Minenkrieg begann nun auch dort. Aber auch die letzte Sprengung der Italiener zur Eroberung des Kleinen Lagazuoi mit 32 Tonnen Sprengstoff, in einem 1100 m langen, heute noch begehbaren Stollen, brachte keine Änderung der Situation.

Vom Kleinen Lagazuoi über die Lagazuoischarte zum Großen Lagazuoi, dem Gasserdepot, der Fanisscharte, dem Fanisturm, dem Monte Cavallo, dem Monte Castello, den Furcia-Rossa-Spitzen, dem Monte Vallon Bianco und dem Travenanzestal bis zu den Fanessperren verliefen die österreichischen Linien. Die Italiener hatten die drei Tofanen, den Formenton und den Col Rosa.

Ab dem 8. Juli stürmten die Alpini fortwährend gegen die österreichische Stellung Fontana-Negra-Scharte unter schwerem Infanteriefeuer an, die dann auch am späten Nachmittag erobert wurde.

Am anderen Tage eroberten die Italiener auch die Feldwache Dickschädel, auf einem Vorgipfel der Tofana I.

Die gesamte Feldwache Nemesis in den Wänden der Tofana III seilte sich am 10. Juli, nachdem ihnen die Munition ausgegangen war, vier Nächte lang und ohne Proviant an der Tofanawand in das Travenanzestal ab und meldete sich bei der österreichischen Kommandozentrale zurück.

Auch die österreichischen Stellungen am Schreckenstein/ Casteletto, am Fuße der Tofana I, wurden über den seit Monaten in Arbeit befindlichen Stollen und mit 35 Tonnen Sprengstoff ausgehoben.

Zu der Kaiserjäger-Streifkompanie 6, die im Bereich des Lagazuoi, der Fanes und der Tofanen stationiert war, gehörte auch Luis Trenker, der seine Erlebnisse an diesem Frontabschnitt später in dem Buch und Film „Berge in Flammen“ festhielt.

Zwanzig Monate, davon zwei lange Winter, kämpften die Soldaten der beiden Armeen, oft nur wenige Meter voneinander getrennt, einen unerbittlichen Kampf. Diese furchtbare Schlacht, die auf den Bergen und im Innern des Eises geschlagen wurde, forderte von allen Leiden und unsägliche Entbehrungen. Beide Seiten errichteten Forts, schleppten schwere Waffen und gefährliches Sprengmaterial nach oben, gruben Stollen und Tunnel und errichteten Schützengräben in Schnee und Eis. Doch immer wieder waren es die Bajonette, mit denen ein paar Meter Raum gewonnen und genauso schnell wieder verloren wurden.

Dieser Kampf kostete so viele Menschenleben. Allein auf dem Col di Lana mussten über 6000 Italiener und nahezu 2000 Österreicher ihr oft junges Leben lassen.

Der Sieger dieses Krieges hieß Italien. Italien hat sich seinen Wunsch, das Land bis zum Brenner auszudehnen, erfüllt, aber dafür – nicht nur in den oben erwähnten Schlachten – teuer bezahlen müssen.

Heute kann man das Labyrinth der Tunnels und die Eisstadt der Gebirgsjäger besichtigen, und wenn man genau hinschaut, wird man auch zwischen der vom Mythos getragenen Gedenkstätte Pocòl der Italiener und dem Friedhof der Österreicher am Valparola-Pass einen Unterschied feststellen. Vergessen sollte man es nie. Leider lernten die Menschen – so war es wenigstens bis heute – aus der Geschichte fast nichts.

JUDEN IM AHRNTAL

Über einen besonderen Vorgang, der Südtirol berührte, ist noch zu berichten. Im Sommer 1947 versuchten Tausende von Juden, die den Holocaust überlebt hatten, von Österreich nach Palästina auszuwandern. England und Frankreich versuchten aber die massive Einwanderung dorthin zu verhindern.

Das Ziel der Auswanderer war zunächst Genua. Nordtirol war 1947 französische Besatzungszone. Der Weg über den Brenner oder Reschen war deshalb versperrt. Salzburg war amerikanische Besatzungszone. Die Amerikaner unterstützten die Auswanderung nicht, sie behinderten aber auch die jüdischen Hilfsorganisationen „Brichah“ und „Joint“ nicht. Mehr als 8000 Juden aus ganz Europa, Männer, Frauen und Kinder, mussten nach Kriegsende noch einmal fliehen. Ein illegaler Grenzübertritt nach Italien war die einzige Möglichkeit.

Das Land Salzburg grenzt am Ende des Ahrntals an Südtirol, also an Italien. Die Italiener gaben sich in dieser Angelegenheit äußerst menschlich und tolerierten die Aktionen der jüdischen Organisationen, obwohl sie von den Franzosen und Engländern unter politischen Druck gesetzt wurden. Der Weg nach Palästina führte also zunächst von verschiedenen Sammellagern in Österreich auf Lastwagen ins Krimmler Achental und von dort über die Krimmler Tauern nach Kasern in Südtirol. Letzteres alles zu Fuß.

Der Grenzübertritt erfolgte über Monate hinweg täglich in Gruppen von 150 bis 250 Personen. Diese Menschen, soeben der Hölle entronnen, waren gesundheitlich angeschlagen und schlecht ausgerüstet.

Der Aufbruch von Krimml erfolgte immer um 2 Uhr morgens und führte am Wasserfall hinauf zum Krimmler Tauernhaus. Dort wurde tagsüber Rast eingelegt. Um 16 Uhr begann dann immer der strapaziöse Aufstieg zur Passhöhe auf 2633 m.

Der Grenzübertritt geschah in der Dunkelheit. Weiter ging es dann wieder über 1000 Höhenmeter bergab nach Kasern und Prettau. Mit Hilfe von Lampen wurde das gemietete Bauernhaus am Knappeneck meistens gegen 3 Uhr morgens und nicht selten völlig entkräftet erreicht. Nach einer Erholungspause ging dann der Transport auf Lastkraftwagen, die als Rotkreuzfahrzeuge getarnt waren, in den Hafen von Genua.

Die italienische Grenzpolizei verhielt sich großartig und half sogar manchmal beim Abstieg, wie Zeugen des Geschehens und Bergführer berichteten. Sie „produzierte" sogar eine Zurückweisung von 350 Personen, um den aufgebrachten Engländern und Franzosen zu beweisen, dass sie die nach deren Ansicht illegalen Transporte stoppen wollten.

Diese tragische Episode wurde und wird von manchen gerne vergessen oder verdrängt. Um so beachtenswerter sind deshalb die Aktivitäten der Ahrner Kulturvereinigung „KunstMyst", der Bibliothek Ahrntal und des Jugendvereins „Aggregat" zu erwähnen, die 1977 zur 50. Wiederkehr an dieses Geschehen erinnerten.

PETER MITTERHOFER
ERFINDER DER SCHREIBMASCHINE

Peter Mitterhofer war Tischlermeister und wurde am 20. September 1822 in Töll/Partschins, einem kleinem Ort bei Meran, geboren. Er konstruierte mit einfachsten Werkzeugen in der Zeit zwischen 1864 und 1869 fünf verschiedene Modelle, davon zwei in Holz und drei in Metallausführung. Vier Modelle sind in Wien, Bozen und Dresden noch vorhanden, ein fünftes gilt als verschollen.

Zweimal wanderte Peter Mitterhofer mit einer Schreibmaschine in seinem Rucksack zu Fuß von Töll nach Wien, zu Kaiser Franz Josef I., um am kaiserlichen Hof seine Erfindung zu präsentieren. Dort erhielt er beim ersten Mal 200 und beim zweiten Mal 150 Gulden, aber – und darauf hatte er innigst gehofft – leider keine Unterstützung durch das Polytechnische Institut, das der Erfindung keine Bedeutung beimaß. Verbittert kehrte er in sein kleines Dorf in Südtirol zurück und überließ seine Erfindungen dem Dachboden eines Hauses in der Nähe seines Heimatortes. Dort wurden sie 1905 und 1911 entdeckt.

Heute wissen die Fachleute, dass es Mitarbeiter der Gewehr- und Nähmaschinenfabrik Remington, USA, waren, die 1874 die Erfindung der Schreibmaschine patentieren ließen, also mehr als fünf Jahre nachdem Mitterhofer in Wien eine Abfuhr erhielt. Noch mehr, hätten die Amerikaner 1874 die Fülle der Konstruktionseinfälle von Mitterhofer auch nur annähernd gekannt, wären sie ihrer eigenen Erfindung 30 Jahre voraus gewesen.

Da Mitterhofer nie das Geld hatte, seine Erfindung weltweit anzumelden, gelten als rechtliche Erfinder der Schreibmaschine die Herren Sholes, Glidden und Soule, von der Firma Remington.

Zurück zu Peter Mitterhofer, der 1893 einsam verstarb. Sein bekanntestes Schreibmaschinenmodell ist das Modell „Wien 1864". Diese Holzkonstruktion ist in vielen Museen auf dieser Welt als Nachbildung zu finden. Das Original befindet sich im Technischen Museum für Industrie und Gewerbe in Wien. 30 Tasten, davon 25 zum Schreiben von Großbuchstaben, drei Tasten für Satzzeichen und eine Zwischenraum- und Rücktaste. Wahrscheinlich war dies sein Versuchsmodell.

Das zweite Modell, „Dresden", ebenfalls aus Holz, ist eine Weiterentwicklung des Wiener Modells. Im Jahre 1866 stellte er sein drittes Modell vor, das verschollen ist. Sein viertes Modell, „Meran", eine Metallkonstruktion, wurde 1867 vorgestellt. Mit diesem Modell konnte man sowohl Groß- als auch Kleinbuchstaben schreiben. Es hatte 36 Tasten und schon automatische Zeilenschaltung und die Möglichkeit der Silbentrennung.

1952 wurde über eine unbekannte historische Schreibmaschine berichtet, die man im Technischen Museum in Wien entdeckte. Nach verschiedenen Gutachten waren sich die Experten einig: Es war das fünfte Modell Peter Mitterhofers und jetzt auch noch mit Volltastatur. Er hatte mit seinem Prinzip die Probleme einer Schreibmaschine schon sehr früh gelöst, aber niemand wollte etwas davon wissen.

BRAUCHTUM

KARWOCHE

Eine unserer vielen Wanderungen mit den Kindern führte uns in der Karwoche von Lana über Pawigl zum Vigiljoch. In Pawigl wurden wir von so genannten „Ratschenbuben" empfangen, die ihre Flügelratschen zum Schwingen brachten und damit einen ohrenbetäubenden Lärm verursachten. Es gibt aber auch noch größere Schubkarren-, Walzen-, Kasten- und Hammerratschen, die mit ihrem Lärm in der Karwoche die Glocken ersetzen sollen.

EGETMANN IN TRAMIN

In den ungeraden Jahren findet am Faschingsdienstag in Tramin der Egetmann-Umzug statt. Hauptfigur des Umzuges, der Egetmann, ist ein wohlhabender, besserer Mann, der im Begriff ist zu heiraten.

Den Umzug eröffnet ein berittener Trompeter, der von Knechten begleitet wird, die für die Aufrechterhaltung der Ordnung sorgen. Ihnen folgen die „Schnöller", junge Burschen, die mit langen Geißeln für die nachfolgenden Figuren Platz schaffen. Es sind dies die Wegmacher mit Haue und Schaufel, Feldarbeiter mit hölzernen Sensen, Rechen und Gabeln, ein von Ochsen gezogener Pflug sowie eine Egge, darauf der Sämann und der Bauer mit einem Geldbeutel im Gürtel.

Nun kommt die Hauptfigur des Umzuges, der Egetmann oder Oegetmann, eine mit schwarzem Anzug, Zylinderhut und weißen Handschuhen bekleidete Puppe. Er wird von seinem Diener und seiner Braut begleitet.

Mit dem Egetmann erscheint der Ausrufer, der an mehreren Plätzen im Dorf das Protokoll verliest, mit seinen Begleitern. Früher wurden im Protokoll verschiedene Ortsereignisse aufs Korn genommen. Weitere Masken sind der „Wilde Mann". Er ist am ganzen Körper mit Efeublättern bedeckt, trägt ein Hasenfell im Gesicht und wird vom Jäger am Ende des Festzuges erschossen.

Dann sind da die „Schnappviecher", zwei bis drei Meter hohe Tiergestalten, mit einem Fell überzogen, behörntem Kopf, deren bewegliches mit Holzzähnen ausgestattetes Maul ständig auf und zu schnappt. Zuletzt dann noch die „Burgl" und der „Burgltreiber", der vom Metzger und einer Kellnerin verfolgte Bär und die Wäscherinnen. Der Name des Hauptdarstellers leitet sich von der mitgeführten Egge ab und das lustige Treiben ist als eine Art Volksschauspiel während der Fastnacht zu betrachten.

HERZ-JESU-FEUER

Seit dem 19. Jahrhundert werden auf den Bergen Tirols Herz-Jesu-Feuer als Zeichen der Erneuerung des Herz-Jesu-Gelöbnisses von 1796 entzündet. Als französische Truppen unter Napoleon I. das Land bedrohten, traten die Tiroler Landstände in Bozen zusammen, um die Situation zu beraten. Der Stamser Abt Sebastian Stöckl regte dort an, das Land dem „Heiligen Herz Jesu" anzuvertrauen und so göttlichen Beistand zu erhalten. Die Landstände gelobten im Namen des Volkes, das Herz-Jesu-Fest jährlich zu begehen.

Als Tag wurde der 2. Freitag nach dem Fronleichnamsfest gewählt. Am Sonntag nach diesem Fest werden nun in ganz Tirol Herz-Jesu-Feuer entzündet. Sie gelten als „lodernder Beweis" der Unauflösbarkeit des Gelöbnisses der Tiroler Landstände aus dem Jahre 1796.

SONNWENDFEUER

Feuer ist ein elementarer Bestandteil vieler Riten und Bräuche. Die Feuer zur Sommersonnenwende weisen wohl vorchristliche Wurzeln auf, waren aber vor allem im Mittelalter weit verbreitet und haben sich über die Verbote der Aufklärung hinweg vielerorts bis in unsere Zeit erhalten.

Im Zuge der Christianisierung ersetzte die Kirche das Fest der Sommersonnenwende durch jenes der Geburt Johannes des Täufers am 24. Juni, und aus den Sonnwendfeuern wurden die Johannisfeuer. Trotzdem werden in den Nächten um die Sommersonnenwende, das ist der 22. Juni, Bergfeuer angezündet. Das Entzünden von Johannisfeuern ist seit dem 12. Jahrhundert bekannt und seit dem 14. Jahrhundert belegt. Aber auch diese Feuer werden zunehmend durch Herz-Jesu-Feuer ersetzt.

NIKOLAUS UND KRAMPUS

In vielen Teilen Südtriols kommt der Nikolaus mit dem Krampus, seinem wilden Begleiter. In Deutschland wird er ja Knecht Ruprecht genannt. Der Nikolaus beschenkt die guten und die braven Kinder, der Krampus erschreckt die bösen und bestraft sie mit seiner Rute.

Die Figur des Knecht Ruprecht geht auf den germanischen Gott Odin zurück. Auch der Krampus ist zweifellos heidnischen Ursprungs. Allerdings fehlt ihm das Väterliche, das Knecht Ruprecht besitzt. Der Krampus ist zottelig, rußgeschwärzt, teuflisch und dämonisch.

Seit dem 18. Jahrhundert tritt der Krampus als selbständige Figur immer mehr in den Vordergrund. Unklar ist, woher der Name „Krampus“ kommt.

Entweder vom italienischen „grampa“ für „Klaue“ oder vom wienerischen „Kramperln“ für Krallen.

Nikolaus war um die Wende des 4. Jahrhunderts Bischof von Myra (heute an der türkischen Mittelmeerküste). Nach der Überlieferung ist er am 6. Dezember 345 gestorben. Im 6. Jahrhundert wurde er zum berühmten Heiligen der griechischen Kirche und des byzantinischen Reiches.

Als sich die griechische Kaisertochter 972 in Rom mit dem römisch-deutschen Kaiser Otto II. vermählte, brachte sie aus dem Osten die Verehrung dieses Heiligen mit. Angeblich wurden seine Reliquien am 8. Mai 1087 nach Bari/Italien in die Basilika San Nicola vor den Sarazenen in Sicherheit gebracht. Wegen seiner ihm zugeschriebenen Wundertaten ist er der Heilige der Seefahrer und Reisenden und der Kinder, denen er am 6. Dezember Geschenke bringt.

ANKLÖPFELN

Zeugnisse für den Volksbrauch und Volksglauben des Anklöpfelns sind seit Mitte des 15. Jahrhunderts belegt. Das Anklöpfeln in den Klöpfelnächten, das sind die drei Donnerstage vor Weihnachten, ist als weltlicher Brauch dokumentiert, der nicht auf das christliche Weihnachtsgeschehen bezogen war und deshalb auch immer wieder eingeschränkt oder verboten wurde, weil er entweder gegen die öffentliche oder kirchliche Ordnung zu verstoßen schien. Anklöpfeln galt vielmehr als auf den Jahreswechsel bezogener Orakelbrauch und war nicht unmittelbar mit Gabenheischen verbunden.

Durch Anklöpfeln wollte man die Zukunft erforschen. Wenn man z. B. zur richtigen Stunde an Stallwände klopfte, hörte man die Haustiere von den Toten des kommenden Jahres reden.

Im Laufe der Jahrhunderte hat sich das Erscheinungsbild dieses Brauches regional unterschiedlich entwickelt. Im Sarntal wird das „Köckeln“ in einer Gruppe von zehn bis zwölf Burschen unter der Führung eines Bockshornbläsers zelebriert.

Sie ziehen von Hof zu Hof und bilden unter einem gewaltigen Lärm einen Kreis um zwei seltsame Gestalten, das „Zuslmandl“ und „Zuslweibl“, die in Lederhose und Dirndl gekleidet miteinander streiten. Nach dem christlichen Klöckellied, das mit den Wünschen nach „Klöckelwürsten“ endet, und dem Aufsagen von Versen folgt die Bewirtung. Ehe die Klöckler das Haus verlassen, tragen sie noch Glückwünsche für das neue Jahr vor.

DIE SONNENBURG
UND VERENA VON STUBEN

Auf dem schroffen Felsvorsprung soll die stolze Burg gestanden haben. Früher nahm an jener exponierten Stelle, unweit von Bruneck, am Eingang zum Gadertal, ein römisches Kastell den majestätischen Platz ein. Die Gaugrafen von Pustertal haben sie einst erbaut und Sühneburg genannt. Im Jahre 1020 wurde das schlossähnliche Gebäude in ein Frauenkloster umgewandelt. Die Güter im nahen Enneberg wurden dem Kloster verliehen und die Nichte des Gründers, Wichburg, wurde erste Äbtissin der Sonnenburg, wie sie von nun an hieß.

Das Stift befolgte angeblich die Regeln des heiligen Benedikt. Es wurden nur Töchter des Adels in die vornehme Gesellschaft aufgenommen. Die Damen speisten zusammen, wohnten aber in separaten Räumen. Aus den Anfängen des 15. Jahrhunderts ist bekannt, dass sich nicht nur die Äbtissin, sondern auch die anderen Damen mit weltlichen Dienern umgaben.

Es kam, wie es kommen musste. Eine dieser noblen Nonnen brannte mit ihrem Diener durch und heiratete ihn auch noch. Dem Bischof blieb nichts anderes übrig, als den Bann über die Sonnenburg zu verhängen und eine Reformierung des Klosters einzuleiten. Den Damen passte dies natürlich überhaupt nicht, und sie wehrten sich mit Händen und Füßen gegen den Eingriff der kirchlichen Obrigkeit.

Einige Jahre später, 1452, nahm sich Kardinal Nikolaus Cusanus (geborener Nikolaus von Kues, er stammte aus dem kleinen Moseldörfchen Kues, gegenüber von Bernkastel) die Damen der Sonnenburg vor.

Er, ein damals schon weitbekannter kirchlicher Würdenträger, Wissenschaftler und Autor namhafter Bücher, war gerade Bischof von Brixen geworden, wenn auch nach großem Widerstand des Landesfürsten Erzherzog Sigmund von Tirol. Sein Ruf als Reformator zugunsten strenger Ordensregeln eilte ihm voraus.

Seine Reformdekrete über die Ordensreform ließ er am 2. Mai 1452 in Brixen veröffentlichen, und sie betrafen ausschließlich die Nonnenklöster Stams, Wilten, Georgenberg, Neustift, Sonnenburg und die Klarissen in Brixen. Bleiben wir bei dem einmaligen Vorgang in Sonnenburg.

Ihm, dem Bischof und gestrengen Kirchenmann mussten die Verhaltensweisen der Nonnen natürlich missfallen. Auf seine Anordnungen hin erklärten sich nur einige der Damen bereit, ihren Lebenswandel umzustellen. Warum sollten sie sich auch von jemandem etwas sagen lassen, der nicht ihrem Stand entsprossen und zudem auch noch landfremd war. Ihm, den man schon in ganz Europa als den vom Papst hoch geachteten Gelehrten kannte, war es offensichtlich nicht möglich, als Rheinländer auf die Tiroler Mentalität einzugehen.

Der Bischof musste sogar zur Kenntnis nehmen, dass die Nonnen weiterhin auf Reisen gingen, sich in Bädern behandeln ließen und sogar an Hochzeitsfeiern von Verwandten und Bekannten teilnahmen. Außerdem behaupteten die Klosterfrauen, sie hätten die strengen Klausuren und Regeln nie gelobt. Die Äbtissin, Verena von Stuben, hatte sich sogar aus ihrer männlichen Verwandtschaft einen kleinen Hofstaat im Kloster gebildet.

Über die unterschiedlichen Meinungen, was das Klosterleben anging, hinaus, zeichnete sich aber ein handfester Konflikt um Einfluss und Besitztum ab, und da kannte der Bischof keine Gnade, obwohl die Rechtsverhältnisse alles andere als eindeutig waren. In solchen Fällen hatte dann eben der Recht, der die Macht auf seiner Seite wusste. Es ging um ein großes Stück Land, das zwischen Enneberg und Grünwald lag. Die Enneberger spürten den Konflikt und wollten ihre Abgaben den Sonnenburger Nonnen nicht mehr entrichten. Als ein Sonnenburger Amtmann das Recht an Ort und Stelle einfordern wollte, wurde er tätlich angegriffen.

Die Nonnen wandten sich nun an den Landesfürsten, Herzog Sigmund, und baten um Hilfe. Der lud die Enneberger vor. Diese ignorierten seine Aufforderung und suchten ihr Heil nun beim Bischof Cusanus in Brixen. Auf diese Gelegenheit hatte der Bischof regelrecht gewartet. Er erschien im Kloster Sonnenburg und forderte strenge Klausur. Die Nonnen ließen ihn gar nicht erst das Kloster betreten, sondern verwiesen ihn an den Herzog.

Der Bischof wandte sich an den Papst, erschien ein zweites Mal und bat um Visitation. Die Nonnen verweigerten wieder seinen Eintritt. Daraufhin verlas er ihnen einen Erlass in lateinischer Sprache, den die Nonnen nicht zur Kenntnis nahmen, da sie gewohnt waren, in deutscher Sprache zu verkehren.

Jetzt erklärte der Bischof die Äbtissin Verena für abgesetzt und exkommuniziert. Die Nonnen besorgten sich aber einen Trupp Soldaten, die bei den Ennebergern den ihnen zustehenden Zehent einzutreiben hatten. Der Bischof drohte nun auch den Bauern, die den Zehent entrichteten, die Exkommunikation an. Gleichzeitig berichtete er dem Papst, dass er sich wegen der möglichen Unterstützung der Nonnen durch den Herzog in Brixen nicht mehr sicher fühle und sich deshalb auf Schloss Buchenstein zurückgezogen hätte.

Es dauerte nicht lange, bis der bischöfliche Richter Gabriel von Prack Bauern bei der Übergabe des Zehents erwischte und exemplarisch 50 Männer töten ließ. Anschließend besetzte er das Kloster und vertrieb die Nonnen. Ich möchte es bei dieser Version belassen. Es gibt auch andere Überlieferungen.

Der Herzog ließ daraufhin den Bischof gefangen nehmen und brachte ihn nach Schloss Bruneck. Dort unterschrieb er eine Kapitulation, die er nach seiner Freilassung auf der Reise zum Papst widerrief. Er starb kurze Zeit danach in der Nähe von Rom. Dieser große Gottesmann verstrickte sich am Ende seiner bewundernswerten Laufbahn in die unseligen Maschen, die die Kirche zwischen sich und der weltlichen Macht selbst gewoben hatte.

MARGARETE MAULTASCH

Wer Meran und seine Umgebung schon genossen hat, erinnert sich an Dorf Tirol. Vielleicht auch nur, um von dort den atemberaubenden Blick ins Etschtal in sich aufzunehmen oder mit der Seilbahn zum Hochmuter zu schweben, um dann einen der herrlichen Wanderwege entlangzuschlendern. Vielleicht aber führte das Interesse auch zum bedeutendsten Schloss in Tirol, das dem ganzen Land seinen Namen gab.

Zwischen 1140 und 1160 wurde diese Stammburg der Grafen von Tirol gebaut. Aus dem Jahre 1149 datiert die erste urkundliche Erwähnung von Dorf Tirol. Ab 1248, dem Geburtsjahr des Landes Tirol, hieß es nicht mehr Land im Gebirge, sondern „dominium comitis tyrolis". Weniger als hundert Jahre später lebte hinter den stolzen Mauern dieser Burg eine Frau, die Geschichte schrieb, Margarete, die Gräfin von Tirol, auch Maultasch genannt.

Margarete war gerade neun Jahre alt, als ihr Vater, Herzog Heinrich von Kärnten und Graf von Tirol, sein Versprechen, das er dem jüngeren Sohn des Königs Johannes von Böhmen gegeben hatte, einlösen musste. Johann Heinrich von Luxemburg war 1327 einverstanden, dem Vollzug der Verlobung seines sechs Jahre alten Sohnes Johann mit Margarete zuzustimmen. Das Mädchen ahnte nicht, dass es zum Spielball ihres Vaters wurde, der, ohne Rücksicht auf die Gefühle und Zukunft seiner eigenen Tochter, rigoros einen ehrgeizigen Plan verfolgte.

Aber das war nicht sein einziger Plan. Die Heirat mit seiner dritten Gemahlin, Beatrix von Savoyen, sollte ihm, dem bald Sechzigjährigen, den lang ersehnten Erbsohn bringen.

Dann wäre der Plan mit seiner Tochter ohnehin zweitrangig geworden. Die Hochzeit mit der um 30 Jahre jüngeren Beatrix fand dann auch in Innsbruck statt. Margarete hoffte, dass die Stiefmutter für sie und für ihre schwerkranke Schwester Adelheid, die von den Ärzten schon aufgegeben in ihrer Krankenkammer dahinsiechte, ein bisschen mütterliche Wärme ins nüchterne Schloss Tirol bringen würde.

Im September 1330 wurde, ebenfalls in Innsbruck, die zwölfjährige Margarete von Tirol mit dem neunjährigen Johann Heinrich, Graf von Luxemburg, Sohn des Königs Johannes von Böhmen, vermählt. Ende 1331 verließ auch die dritte Gemahlin, Beatrix, den Herzog für immer, ohne dass sie ihm seinen Herzenswunsch erfüllen konnte.

Zwei Jahre später, aus Italien kommend, besuchte König Johannes von Böhmen seinen jüngeren Sohn und seine Schwiegertochter. In seiner Begleitung befand sich auch sein älterer Sohn und Kronerbe, Markgraf Karl, gerade mal 16 Jahre alt. Beiden, dem Vater und dem Bruder, dürfte nicht entgangen sein, dass sie mit Margarete eine junge, gut aussehende und selbstsichere Tirolerin vor sich hatten, während der jugendliche Johann Heinrich noch weit davon entfernt war, an die Eroberung des Herzens dieser jungen Dame überhaupt zu denken.

Im April 1335 schlief der Herzog von Kärnten, Graf Heinrich von Tirol, der Letzte der Söhne Meinhards, für immer ein. Wenige Tage danach begann schon der Schacher der Österreicher um das Herzogtum Kärnten, das sie vom Kaiser zurückforderten. Die beiden Jugendlichen hofften in diesen Tagen vergebens auf den Beistand aus Böhmen. Der Kaiser gab nach, und Kärnten fiel an die Habsburger.

1336 eröffnete der König von Böhmen den Krieg gegen Österreich. Zur gleichen Zeit zog Markgraf Karl mit seinem Bruder Johann Heinrich, als jüngstem Feldhauptmann, und dem an der Etsch zusammengestellten Kriegsvolk in Richtung Pustertal, musste aber sein Vorhaben, nach Kärnten vorzudringen, aufgeben. Der König von Böhmen schloss sehr bald Frieden mit den Österreichern und überließ ihnen Kärnten. Dafür verblieb Tirol bei Margarete und Johann Heinrich, die beide diese vom Vater und Schwiegervater diktierte Vereinbarung nie akzeptierten und dies auch öffentlich bekundeten.

Ihr Ehemann Johann Heinrich war mittlerweile, ohne große Verabschiedung, mit seinem Bruder nach Italien gezogen. Selbst die besten Vorsätze ließen, auch zehn Jahre nach ihrer Vermählung, einen Vollzug der Ehe nicht Wirklichkeit werden. Natürlich erkannte das Volk inzwischen, dass die Ehe ihrer Margarete nur auf dem Papier bestand. Dem ungeliebten Böhmen wurde auch von allen Ständen jede Eignung als Regent abgesprochen. Daran änderte sich auch nichts, als er mit seinem Bruder nach einem erfolgreichen Italienfeldzug wieder auf Schloss Tirol Einzug hielt.

Kalt und berechnend, sehr zum Unmut nicht nur des Tiroler Adels, regierte der von Markgraf Karl eingesetzte Kanzler und Bischof Nikolaus. Dieser bischöfliche Amtsverwalter regierte in seinem Kanzleramt mit unerbittlicher Härte und drängte damit viele Tiroler in die Nähe der Bayern. Bischof Nikolaus hatte hervorragende Rückendeckung: Er war einer der „natürlichen“ Söhne des Böhmenkönigs und damit ein Halbbruder von Markgraf Karl und Johann Heinrich. Obwohl mittlerweile 20 Jahre alt, war die Erbin, Margarete, die den Böhmen Tirol und Kärnten mit in die Ehe gebracht hatte, von jeder Entscheidung, was Tirol betraf, durch Karl bevormundet oder ausgeschlossen.

In Tirol entstand ein Geheimbund, der gegen die Willkür der Böhmen aufbegehrte und für eine Anlehnung an Bayern plädierte. Da kam 1340 die Nachricht, dass die Gemahlin des Markgrafen Ludwig von Brandenburg, Margarete von Dänemark, eine schwere Krankheit aus dem Leben gerissen hat.

Ludwig von Brandenburg war der Sohn des Kaisers Ludwig und erst 25 Jahre alt. Es dauerte nicht lange, bis sich das oberste Gremium der Geheimbünde darüber verständigte, dass man Margarete unbedingt überzeugen müsste, sich von ihrem böhmisch-luxemburgischen Mann zu lösen. Danach könnte sie sich endlich standesgemäß mit Ludwig von Brandenburg vermählen, und anschließend wäre eine Verbrüderung mit den Bayern möglich.

Margarete fiel es nicht schwer, sich überzeugen zu lassen. Der Plan schien perfekt. Johann Heinrich war in das Land seines Vaters aufgebrochen und sein Halbbruder, Bischof Nikolaus in Trient hatte keine Ahnung. Das glaubten die Aufständischen. Plötzlich aber wurde die Kunde durch Südtirol gereicht, dass ihr Gemahl Johann Heinrich mit einer kriegsmäßig ausgerüsteten Truppe über Innsbruck sich in Richtung Brenner bewege.

Die Nachricht vom Aufstand der Tiroler war anscheinend zu ihm durchgesickert. Markgraf Karl und Johann Heinrich waren zurückgekehrt und versuchten, Margarete auf Schritt und Tritt bewachend, mit harter Hand, wenn nötig auch mit Folter, zu erfahren, was in Tirol hinter den Kulissen ablief.

Der Vater, der König von Böhmen, lag in Prag schwer krank in seinem Schloss und erwartete Markgraf Karl deshalb jeden Tag zurück. Dieser verließ Tirol und übergab nun seinem zwanzigjährigen Bruder die Regierungsgewalt. Margarete wurde nun eine Gefangene ihres eigenen Schlosses.

Zum ersten Mal war er Regent, wenn auch in einem kleinen Land, und niemand hatte ihm etwas zu sagen. Er konnte ja nicht ahnen, dass in dem für ihn so erfolgreichen Jahr 1341 schon der Samen für die Verbindung zwischen dem

Markgrafen Ludwig von Brandenburg und Bayern und Margarete aufzublühen begann. Zur gleichen Zeit war schon der erste Kontakt mit der Kurie in Rom aufgenommen worden.

Des Kaisers sechsundzwanzigjähriger Sohn, Markgraf Ludwig von Brandenburg, wurde von seinem Vater überzeugt, die Tirolerin zu heiraten. Die Bedenken des Sohnes, dass er unrechtmäßig die Frau eines anderen zur Gemahlin nehmen würde, dass der König von Böhmen den Bayern den Krieg erklären würde und dass Papst Benedikt XII. den Bannfluch aussprechen könnte, wurden durch den Kaiser und von seinen hochrangigen Beratern vom Tisch gewischt. Ob die zwei Menschen zusammenfinden würden, stand ohnehin nie zur Diskussion.

Im Februar des Jahres 1342 machte sich der Kaiser mit seinen beiden Söhnen Ludwig von Brandenburg und Herzog Stephan über den Jaufenpass auf den Weg nach Meran und Dorf Tirol. Die Bischöfe von Freising, Regensburg und Augsburg hatten sich bereit erklärt, den Kaiser zu begleiten und, unabhängig von der Entscheidung Roms, in der Stadt Meran die Scheidung zu verkünden und die Fürstin mit dem Markgrafen Ludwig von Brandenburg zu vermählen. Leider verunglückte auf dem Jaufen der Bischof von Freising tödlich.

Der Kaiser, der am anderen Tag die Hochzeitsfeierlichkeiten angesetzt hatte, wollte nicht mehr zurück. Als Kaiser und Richter erklärte er kraft seiner Autorität die Ehe für geschieden. Die Vermählung sollte zwei Tage später stattfinden. Es gab nicht wenige, darunter auch Gutgesinnte, die diesen Alleingang des Kaisers für fragwürdig hielten. 1343 starb der gegenüber dem Kaiser tolerante Papst Benedikt. Wenige Wochen später wurde als Nachfolger Pierre Roger, Kardinal und Erzbischof von Rouen, ein Freund des Hauses Luxemburg, gewählt. Er nannte sich Klemens VI.

und ließ gleich zu Beginn seines Pontifikats keinen Zweifel daran, dass er Kaiser Ludwig, aufgrund seines Verhaltens um die Ehe der Margarete, als Feind der Kirche betrachtete.

Mehr noch, der Kaiser sollte alle seine Würden niederlegen, sonst würde er mit Bannfluch belegt. Die Kurie leitete außerdem einen Prozess gegen Margarete und ihren Gemahl wegen Ehebruchs ein. Die eingegangene Ehe wurde nicht anerkannt und über das Paar und das ganze Land Tirol wurde der Bann verhängt.

Nun brodelte es wieder im Land im Gebirge. Der Brandenburger, so wurde Margaretes Gemahl und Landesherr genannt, hatte sich mit den Tiroler Edlen angelegt, die für alles Verständnis hatten, solange deren Pfründe nicht angetastet, sondern vermehrt wurden.

Plötzlich sah man auch die Heuschreckenschwärme, die vor einigen Jahren das Land überfielen, in einem anderen Licht. Dann bebte am 27. Januar 1344 in Südtirol auch noch die Erde. Aus allen Städten und Dörfern wurden am darauf folgenden Tag große Schäden gemeldet. Das Schloss Tirol blieb fast unversehrt. Dort gebar Margarete im September ihren und des Markgrafen Sohn Meinhard.

Wie nicht anders zu erwarten, kam dann der Bannfluch des Papstes Klemens VI. über den Kaiser. Dieses Jahr 1346 brachte dem Papst auch noch den Erfolg eines Gegenkönigs. Die Kurfürsten, nicht alle waren erschienen, wählten, dem Wunsche des Papstes entsprechend, keinen Geringeren als Markgraf Karl von Böhmen zum Gegenkönig.

In Tirol warteten alle auf Kaiser Ludwigs Reaktion. Konnte er trotz des Gegenkönigs Krone und Reich behalten? Falls nicht, ahnte schon mancher Landherr in Tirol, was ihnen von den Böhmen blühen würde. Vielleicht sollten die

Bayern, die der Brandenburger an vielen Schlüsselpositionen im ganzen Land eingesetzt hatte, ein wenig unter Druck gebracht werden, damit man später den neuen Herren einige gute Karten zeigen könnte? Ludwig war in jenen Tagen auf Schloss Tirol und sah seinen zweijährigen Sohn heranwachsen.

1347 musste Markgraf Ludwig von Brandenburg in wichtigen Angelegenheiten Tirol verlassen. Er übertrug die Regierungsgewalt dem Landeshauptmann Engelmar von Villanders. Dabei konnte er nicht ahnen, dass schon kurze Zeit später die Soldaten von Markgraf Karl die Etsch heraufzogen.

Bozen und Meran hatten die Böhmen sofort unter Kontrolle. Die Südtiroler waren außerstande, in so kurzer Zeit eine schlagkräftige Truppe zu formieren. Den vielen Getreuen, die sich zur Verteidigung auf Schloss Tirol einfanden, fiel damals schon auf, dass bestimmte Alarm- und Informationseinrichtungen, aus welchen Gründen auch immer, nicht richtig funktioniert hatten.

Markgraf Karl, mittlerweile König Karl, war offensichtlich an vorderster Front in Südtirol eingerückt. Er schlug sein Lager in Dorf Tirol, also in Sichtweite von Schloss Tirol, auf. Inzwischen waren die Boten zu Ludwig von Brandenburg unterwegs. Es dauerte aber auch nicht lange, bis die Fürstin die Namen der Verräter erfuhr, die im Bunde mit König Karl das eigene Volk mit Versprechungen oder Gewalt im Zaume hielten. Die Greifensteiner, Hartwich von Matsch, leider auch die Villanderer und voran der Bischof von Chur erhofften sich durch ihren Verrat einen großen Judaslohn.

Drei Wochen belagerte König Karl Schloss Tirol. Drei Wochen lang wurde alles um dieses Schloss herum zerstört und verbrannt. Die Brunnenburg und die landesfürstliche Burg Zenoberg wurden zerstört, in Gratsch wurden die

Gehöfte ausgeplündert und niedergebrannt und Dorf Tirol war ausgeraubt. Aber auch drei Wochen lang verlangte er von Margarete, das Schlosstor zu öffnen – ohne Erfolg. Plötzlich zogen sie ab, in Meran ganze Stadtteile in Flammen zurücklassend. Die auf Schloss Tirol glaubten an eine glückliche Fügung, dabei hatte Karl nur früher gewusst, dass der Brandenburger mit einem Heer über den Jaufen unterwegs war und sein getreuer Herzog von Teck und dessen Mannen das Eisacktal hinunter auf Bozen zumarschierte.

Der Brandenburger nahm auf Schloss Tirol seine Frau in die Arme. Nie waren sich die beiden näher gekommen, als in diesen für Tirol so schweren Tagen. Margarete hat sich als Landesfürstin bewährt. Sie war Tag und Nacht mit den Verteidigern des Schlosses zusammengewesen und hatte Anweisungen gegeben, Mut zugesprochen und Kranke, manchmal leider auch umsonst, gepflegt.

Für den Markgrafen von Brandenburg kam jetzt die Zeit der Rache an den Verrätern. Burgen wurden eingezogen oder zerstört und die wenigen, die sich nicht durch die Flucht ins Ausland ihrer Verantwortung entzogen, verurteilt. Er übergab Tirol in die Hände des Herzogs Konrad von Teck und begab sich zu seinem Vater nach München.

Dann kamen zwei Boten, die unterschiedliche Kunden ins herbstliche Schloss brachten. Zuerst die gute Nachricht: Der erste Gemahl von Margarete, Johann Heinrich, bat den Papst um Auflösung seiner Ehe, da auch er heiraten wollte. Dann die schmerzliche: Ihr Schwiegervater, Kaiser Ludwig, starb im Beisein seiner beiden Söhne und wurde ohne Totenfeier bei den Zisterziensern zu Fürstenfeld beigesetzt. So wie in München, mussten auch die Glocken in Tirol schweigen, als des vom Papst gebannten Kaisers gedacht wurde.

1348 breitet sich die Pest, das Etsch- und Eisacktal hinaufkriechend, aus. Wer in die Höhe fliehen konnte, tat es, aber auch dort wurde so mancher eingeholt. Als die „Geißel Gottes“ vorüber war, wurde Margarete aufgefordert, so wie in anderen Ländern auch, wieder ein Fest zu veranstalten. Zwar wären viele Tiroler lieber in die Kirche zum Singen gegangen, aber der Bannfluch, der über dem Land immer noch lag, ließ ja nicht einmal zu, die Glocken läuten zu lassen.

Endlich gab der Papst dem Drängen Johann Heinrichs nach, und die Ehe mit der Gräfin von Tirol wurde geschieden. Johann Heinrich erhielt von seinem Bruder die Markgrafschaft Mähren und heiratete dort Katharina von Troppau. Diese Scheidung bedeutete aber noch lange nicht die Anerkennung der Ehe zwischen Ludwig und Margarete und auch nicht die Lossprechung vom Bann.

Der zweimal gekrönte deutsche König Karl, inzwischen mit einer Pfälzerin verheiratet, erhielt von den Söhnen des ehemaligen Kaisers Ludwig die Reichskleinodien überreicht. König Karl erklärte daraufhin den Verzicht auf Tirol und versprach, sich für die Lösung vom Bann beim Papst einzusetzen.

Wenige Wochen danach versuchte Ludwig seine Frau von ihrem Kummer abzulenken, indem er sie zusammen mit Meinhard nach München einlud. Sie blieben nur zwei Wochen dort, dann zog es die Gräfin wieder nach Hause. Nun wiederholte sich die Geschichte: 1355, Herzog Albrecht von Österreich und Ludwig, Graf von Tirol, feierten in Wien die Verlobung des zehnjährigen Meinhard von Tirol mit der siebenjährigen Tochter Herzog Albrechts von Österreich, die ebenfalls Margarete hieß.

Es dauerte lange, bis die kränkelnde und in Tirol zurückgebliebene Mutter Margarete ihrem Gemahl zu der Verbindung mit dem Hause Österreich zustimmte, weil sie ihrem unbedarften Sohn ein ähnliches Schicksal, wie ihr widerfahren ist, ersparen wollte. Ludwig und der Österreicher schienen sich zu verstehen. Während eines Treffens der beiden in Innsbruck erlitt Ludwig einen Schwächeanfall. Die sofort herbeigerufene Margarete blieb so lange bei ihm, bis sie ihn in ihr Schloss Tirol mitnehmen konnte.

Karl, inzwischen gekrönter Kaiser, rief seine Untertanen, unter ihnen auch Markgraf Ludwig von Bayern und Graf von Tirol, zu einem Reichstag nach Nürnberg. Die Veröffentlichung des Reichsgrundgesetzes, der „goldenen Bulle", hatte weitreichende Einschnitte zur Folge. Vor allem die Österreicher konnten sich damit nicht abfinden. Im gleichen Jahr, 1356, reiste Margarete mit Ludwig nach Wien. Ihr Sohn wuchs ja mittlerweile am Hofe dort auf und sie sehnte sich nach ihm. Auch wollte sie die andere, sehr junge Margarete näher kennen lernen.

1358 erhielt der Bischof von Salzburg vom Papst ein Schreiben, in dem die Bedingungen genannt wurden, unter denen Vergebung der Schuld und die Lösung vom Bann möglich wären. Danach musste er Folgendes bestätigen:

- Er wolle 100 gut bewaffnete Reiter der Kirche in Italien für zwölf Monate zur Verfügung stellen.
- Er wolle zwei silberne und vergoldete Statuen der Heiligen Petrus und Paulus nach Rom senden.
- Er wolle innerhalb zwei Jahren für Kartäuser oder Benediktiner ein Kloster gründen.
- Er wolle niemals glauben, dass ein in Rom eingesetzter Kaiser den Papst absetzen könnte.
- Er wolle keiner Ketzerei anhängen.
- Er wolle alle aufzulegende Buße leisten.
- Er wolle allen Kirchen, Klöstern etc. das Entrissene zurückgeben.
- Er wolle in seinen Eheangelegenheiten den Befehlen des Papstes folgen.

– Herzog Albrecht von Österreich soll diese Versprechungen gewährleisten.

Leider starb nicht nur einer der Bischöfe während der langen Zeit der Verhandlungen, sondern auch, was viel tragischer war, Herzog Albrecht von Österreich, der zukünftige Schwiegervater Meinhards. Die Vollmachten mussten jetzt mühselig neu verteilt werden. Im Mai 1359 schien nun der Bann, im wahrsten Sinne des Wortes, gebrochen. Ludwig, seine Frau Margarete und der fünfzehnjährige Meinhard, der inzwischen für volljährig erklärt wurde, trafen in Salzburg mit der Braut Margarete und ihrem Bruder, Herzog Rudolph von Österreich, der die Nachfolge seines Vaters übernommen hatte, zusammen. Nachdem verschiedene Übereinkommen unterzeichnet waren, begab sich der Brautzug nach München.

In der St.-Margareten-Kapelle in München wurden Ludwig und Margarete vom Bann losgesprochen. Am 6. September erfolgte die kirchliche Trauung, gefolgt von der Trauung Herzog Meinhards und der kindlichen Braut Margarete von Österreich. Die 17 lange Jahre dauernde Verdammung von Ludwig und Margarete hatte damit ein Ende.

Ein wichtiges Dokument aus den Münchner Tagen übertraf aber alle bisherigen Vereinbarungen. Zwischen Margarete von Tirol und Herzog Rudolph von Österreich, im Einverständnis mit dem Markgrafen Ludwig von Bayern, wurde schriftlich vereinbart, dass für den Fall, dass Margaretes Gemahl und beider Sohn, Herzog Meinhard, ohne Nachkommen sterben würde, Margarete an den Herzog Rudolph von Österreich oder seine Nachkommen, nach ihrem Tode, die Grafschaft Tirol vermache.

Meinhard blieb einige Monate in München und genoss die erste Freiheit in seinem Leben in vollen Zügen. Später, 1361, trafen sich alle dort. Leider ging es Ludwig gar nicht gut, und nach wenigen Tagen schied er aus dem Leben. Er wurde in Landshut beigesetzt.

Während Meinhard für die feierliche Erbübernahme seines Vaters in München vorbereitet wurde, begaben sich die beiden Margareten auf den Heimweg nach Dorf Tirol. Eigentlich erwarteten die Tiroler auch den neuen Landesherrn in Meran. Der kam dann einige Wochen später, und für die junge Margarete begann ein normales Leben mit ihrem Mann.

Unruhen in Bayern zwangen Meinhard im Januar zu einer Reise nach München, obwohl er sich – wie öfters in den letzten Monaten – gar nicht gut fühlte. In Bayern wurde er zum Spielball der Mächtigen, ohne dass er es selbst wahrnahm.

Die Mutter und der Bruder seiner Frau, Herzog Rudolph von Österreich, überzeugten ihn, in das auf ihn hoffende Tirol zurückzukehren. Ende 1362 war er wieder auf Schloss Tirol und bei seiner jungen Frau. Leider nur für einige Wochen, dann erlitt er wieder einen der vielen Hustenanfälle, aber dieses Mal erholte er sich nicht mehr und verließ in Meran im blühenden Alter von 19 Jahren seine Gemahlin und die Mutter für immer.

In den darauf folgenden Tagen verschenkte die Landesfürstin an ihre Vasallen, teils halbherzig, teils durch Erpressung, halb Tirol. Manchmal erweckte sie auch den Anschein, als ob sie die Strenge, mit der Ludwig von Brandenburg die Landherren und Edlen von Tirol in den letzten Jahren im Zaume hielt, wieder ein bisschen gutmachen wollte. In jenen Tagen vernahm sie gerne von ihrer Schwiegertochter die Nachricht, dass deren Bruder, Herzog Rudolph von Österreich, durchs Pustertal nach Meran unterwegs war.

Die bayrischen Vettern rochen natürlich auch schon den

Tiroler Braten und machten sich auf den Weg. München oder Wien, wer wird wohl zuerst Margarete „beistehen“ können?

Rudolph war – trotz der winterlichen Verhältnisse – schon am 23. Januar in Bozen eingetroffen und bat per Eilboten die beiden Damen, zu ihm zu kommen. Die Gespräche kamen sehr früh zu des Pudels Kern. Rudolph hatte schon erfahren, wie die Landesmutter von ihren eigenen Beschützern in wenigen Tagen ausgelaugt und erpresst wurde. Um dies zu verhindern, und um den Bayern zuvorzukommen, bat er sie, der Landübernahme durch die Herzöge von Österreich zuzustimmen.

Drei Tage nach ihrer Ankunft in Bozen war sie sich mit dem Herzog von Österreich einig und übergab die Grafschaft Tirol an Österreich. Offiziell sollte sie aber bis zu ihrem Tode in Tirol im Namen der Herzöge die Regierung weiterführen.

Diese Zusage wurde nicht lange gehalten. Ein hinterhältiger Anschlag der Bayern in Hall auf Rudolph, Drohungen aus Böhmen und die Wankelmütigkeit der eigenen Landherren und Edlen in Tirol überzeugten Margarete, 1363 zusammen mit ihrer Schwiegertochter nach Wien zu ziehen, obwohl sie immer darauf bestanden hatte, ihr abwechslungsreiches Leben dort zu beenden, wo es einst begonnen hat, auf Schloss Tirol.

Es dauerte nur wenige Wochen, dann hatten die Tiroler einen neuen Landeshauptmann und gegen eine große Anzahl von Landherren wurden umfangreiche Untersuchungen über die jüngsten Veränderungen ihrer Besitzverhältnisse eingeleitet. Mancher musste das hinterhältig Erschlichene wieder schweren Herzens zurückgeben.

1365, kurz vor seinem frühen Tod in Mailand, hatte Margarete eine letzte Unterredung mit Herzog Rudolph IV. über die anstehende Vermählung ihrer verwitweten Schwiegertochter mit – ja sie konnte es einfach nicht glauben – mit dem ebenfalls verwitweten Markgrafen Johann Heinrich von Mähren, ihrem ersten Mann, dem Böhmen, der ihr nie etwas bedeutet hat.

Am 3. Oktober 1369 schloss auch Margarete Maultasch, Herzogin von Kärnten und Gräfin von Tirol, für immer die Augen.

OSWALD VON WOLKENSTEIN

Oswalds Urgroßvater hieß Randolf von Villanders, Richter auf dem Trostberg und Verwalter der bischöflichen Burg Säben. 1293 kaufte er die Burg Wolkenstein nebst Ländereien. Wie in dieser Zeit üblich, begann er nicht nur die Anwohner, sondern auch vorbeiziehende Kaufleute auszurauben. Schon in diesen Jahren beschwerten sich einige Nachbarn in Innsbruck.

Der Großvater Konrad erhielt nach dem Tode die Burg und benutzte zum ersten Mal den Geschlechtsnamen „von Wolkenstein". Der Vater Friedrich entschied sich endgültig für den Namen von Wolkenstein. Er heiratete die reiche Katharina von Villanders. Nun besaß er Lehnsgut und Gericht Wolkenstein, die Trostburg, Bauernhöfe und Ländereien bei Seis, die Pfandherrschaft Kastelruth sowie Güter in Rodeneck und Villanders.

Aus der Ehe mit Katharina gingen sieben Kinder hervor. Wahrscheinlich ist Oswald von Wolkenstein 1377 auf der Burg Schöneck im Pustertal geboren. Über seine ersten Lebensjahre wissen wir sehr wenig und über die Zeit zwischen seinem zehnten und seinem 24. Lebensjahr gibt es fast nur Informationen von ihm selbst, die wir aus heutiger Sicht differenziert betrachten müssen.

Es wäre der damaligen Zeit entsprechend nichts Ungewöhnliches, wenn er – mit zehn Jahren allerdings sehr früh – mit einem Ritter, dem seine Eltern verbunden waren, in die große weite Welt hinaus gezogen wäre. Die in seinen Balladen erwähnten Berufe könnte er auch durchaus ausgeübt haben. Ebenso könnte er mit seinen 14 Jahren durchaus zu den Teilnehmern des 1391 stattgefundenen Feldzugs, oder besser gesagt Beutezugs, nach Königsberg gehört haben.

Der Deutsche Orden tat ja damals alles, um Ritter anzulocken. So kamen auch welche aus Schottland, England, den Niederlanden und Frankreich. Sie alle waren sich bei ihren „Heidenfahrten“ einig im Töten von möglichst vielen Litauern. Aber auch Gefangene wurden nach Preußen zurückgeschleppt. Warum also nicht auch nach Wilna? Durchaus möglich, dass er dort sein Auge verlor.

Die erste Dokumentation über Oswald von Wolkenstein lässt sich im Jahre 1400 nachweisen. Sein Aufenthalt in Südtirol muss sehr kurz gewesen sein. 1401 – wie er in seiner Lebensballade erwähnte – verließ er Tirol, um mit König Ruprecht am Italienfeldzug teilzunehmen. Dies geschah sicherlich, weil zu Hause sein älterer Bruder das väterliche Erbe übernommen hatte.

Wie wir ja wissen, endete dieser Feldzug für Ruprecht und seine Getreuen mit einer Katastrophe und im März 1402 war Oswald wieder in Tirol. In den folgenden zwei Jahren könnte er auf einer Handelsreise gewesen sein. Ein Dokument aus dem Jahre 1404 beweist nicht nur seine neuerliche Anwesenheit in Tirol, sondern auch seine schlechte finanzielle Situation. Von Bischof Ulrich von Brixen nahm er eine Anleihe von 45 Mark auf. Damals viel Geld.

In diese Zeit fällt auch eine später schriftlich festgehaltene Anschuldigung, dass er zusammen mit seinem Bruder Leonhard den Schmuck der Frau seines ältesten Bruders Michael gestohlen hätte. Ein Schiedsgericht wurde eingesetzt. Unter den Urteilsfindern war auch der berühmte Peter von Spaur. Oswald wurde schuldig gesprochen und musste die Kleinodien im Beisein von Zeugen wieder zurückgeben. Dieser Vorgang erscheint aus der damaligen Sicht nicht so ungewöhnlich, denn es könnte durchaus sein, dass er sich einen Wert genommen hatte, der ihm von seinem Bruder noch vorenthalten wurde.

Obwohl sich sein Bruder zu einem mächtigen und einflussreichen Mann entwickelte – er war auch von 1406 bis 1411 der Burggraf auf der Burg Tirol bei Meran und damit der Stellvertreter des Landesfürsten –, erpresste Oswald bei den Bauern der väterlichen Güter Zinsen.

Irgendwann um 1405 begann er seine ersten Lieder zu schreiben.

1407 teilte Michael endlich das väterliche und mütterliche Erbe unter den drei Brüdern auf. Oswald erhielt einen Teil an der Burg Hauenstein sowie Höfe und Ländereien bei Rodeneck, Brixen und im Grödner Tal. Wieder fehlt für zwei Jahre jede Spur von Oswald in Tirol. Zwischen 1409 und 1411 könnte die oft erwähnte Reise ins Heilige Land in Form einer Pilgerreise stattgefunden haben. Von der Pilgerreise gibt es einen der interessantesten Liedertexte, in dem er moderne und damals gültige Worte und Bedeutungen verwendet. Den Gebrauch von Terminologien und Fachausdrücken hat er auch bei anderen Liedertexten ausgiebig gepflegt.

Mit Bischof Ulrich von Brixen lag er bald im Streit. Herzog Friedrich von Österreich musste 1413 schlichten. Trotzdem entließ der Bischof noch im gleichen Jahr Oswald, der wie sein Vater als Lehnsträger (Ministeriale) dem Bischof als Verwalter dienen oder sogar für den weltlich-geistlichen Reichsfürsten in den Krieg ziehen musste. Schon damals war eine Entlassung nicht einfach. Vor einem Schiedsgericht beugte sich der Bischof und zahlte. Zunächst mit einem Schuldbrief und 1414 eine erste Rate von 200 Dukaten. Zuvor hatte aber Oswald im Kloster Neustift ein Wohnrecht erworben und damit schon als 34-Jähriger für sein Alter vorgesorgt.

Inzwischen war Sigmund König geworden. Dessen Einfluss und seine Verstrickungen auf dem Konzil zu Konstanz wurden schon an anderer Stelle beschrieben. Oswald von Wolkenstein war in seinem Gefolge auch in Konstanz. Kurz darauf war er in England und Schottland. Über Santiago de Compostela reiste er nach Portugal, um bei der Eroberung von Ceuta dabei zu sein. Schon wenige Wochen später erhielt er in Perpignan eine Auszeichnung. Diesem Vorgang widmete er in seiner Lebensballade eine Strophe. Als „Getreuer Diener und Rat" schickte Sigmund ihn 1416 wieder nach Konstanz.

Die Erlebnisse zwischen Konstanz, Ceuta, Perpignan und Paris sind in einem Lied von 28 Strophen zusammengefasst. In Konstanz war er nahezu ein Jahr. Dort war sein Publikum, für das er seine Lieder schrieb, in großer Zahl anwesend. Ende 1417 ist er wieder in Südtirol. König Sigmund kündigte ihm über seine Adelskollegen eine baldige militärische Aktion an. Sigmund wollte gegen Herzog Friedrich, der dem Papst Johannes zur Flucht verholfen hatte, einen Kriegszug unternehmen.

Offensichtlich waren die Wolkensteiner auf der falschen, sprich kaiserlichen Seite, denn im so genannten Staatsvertrag von 1418 war vorgesehen, dass unter anderen auch den Wolkensteinern ihre Güter wieder zurückzugeben seien. Der Herzog und der Kaiser vertrugen sich plötzlich wieder und es gab vorerst keinen Krieg.

Während seiner Konstanzer Zeit heiratete er vermutlich seine Frau Margarete in Schwangau. Wahrscheinlich ist dies auch der Grund, warum er im gleichen Jahr die Burg Hauenstein besetzte. Das konnte sich aber der Mitbesitzer, Martin Jäger, nicht bieten lassen. Jäger wohnte in Tisens bei Meran. Oswald zockte dann auch noch mit Mafiamethoden die Bauern, die zu Martin Jägers Ländereien gehörten, ab.

Die von Jäger erstellte Verlustliste ist bis heute erhalten

geblieben. 1421 ging Jäger in die Offensive, da er weder bei Gericht noch sonstwo Hilfe fand. Er tat sich mit einigen zusammen, die ebenfalls von Oswald von Wolkenstein betrogen wurden. Jäger und seine Mitstreiter kidnappten ihn und brachten ihn nach Tisens, Ortsteil Prissian, und dort auf die Fahlburg.

Offensichtlich konnte Jäger von Oswald keine Zugeständnisse erzwingen. Deshalb brachte er ihn zur Burg Vorst, wo er Verwalter war, um ihn endlich vor Gericht zu bringen. Oswalds beide Brüder protestierten sofort bei dem Besitzer der Burg, Ulrich von Starkenberg, einem Freund der Wolkensteiner. Auf Grund von Racheakten, von Wolkensteinern ihm gegenüber verübt, entschied Herzog Friedrich gegen den Adel und zu Gunsten von Jäger und Mitstreitern und ordnete eine Gerichtssitzung an. Bis dahin aber sollte Oswald von Wolkenstein in Verwahrung bleiben.

Die Verhandlung fand 1422 statt. Der Streitwert war von Martin Jäger auf 6000 Gulden angesetzt worden. Es kam zu keiner Einigung. Oswald wurde gegen ein Kaution von eben diesen 6000 Gulden freigelassen. Die Kaution stellte sein Bruder Michael und ein Verwandter, was später noch zu großen Problemen für Oswald führen sollte. Oswald musste nun nämlich seinerseits alles, was er besaß, gegenüber seinen Gläubigern verpfänden. Er schrieb weiter an seinen Liedern, vor allem über seine Gefangenschaft und die teilweise Läuterung, die er während dieser Zeit angeblich erfahren hätte. Sein in dieser Zeit geschriebenes Beichtlied stellt den Vortragenden als reuigen Sünder dar.

Zum erneuten Gerichtstermin am 24. August auf Burg Tirol erschien Oswald nicht. Herzog Friedrich forderte die 6000 Gulden Kaution von Michael von Wolkenstein. Der lehnte mit den Worten „Deswegen will ich Euer Feind sein“ ab.

Oswald flüchtete nach Ungarn in die Winterresidenz „seines“ Königs Sigmund und offensichtlich in Begleitung der Starkenberger. König Sigmund stellte ihm in Preßburg einen Geleit- und Schutzbrief aus, der für alle Länder des Römischen Reiches – also auch für Tirol – Gültigkeit hatte. Nicht genug damit, am 6. Dezember gab König Sigmund eine ausführliche Erklärung ab, in der er die Verträge über die Kaution für nichtig erklärte. Auch über seinen Aufenthalt in „Preßburg vor dem Ofenloch“ gibt es zwei Lieder von ihm.

Herzog Friedrich ließ sich aus Preßburg nicht einschüchtern. Am 16. Januar schrieb er dem König, er bleibe bei seinen Maßnahmen. Wieder kam es zu einer Krise zwischen dem König und dem Landesherrn von Tirol. 1423 bereitete der König den Reichskrieg gegen Herzog Friedrich vor.

Während der Vorbereitungen wurde sicherlich unter der Schirmherrschaft der Starkenberger und der Wolkensteiner ein militanter Adelsbund gegründet, dessen Ziele ohne Zweifel gegen den Landesfürsten gerichtet waren. Die Burg Greifenstein entwickelte sich immer mehr zum Ausgangspunkt wichtiger Unternehmungen der Starkenberger. Sie musste jetzt allerdings gegen den Landesfürsten verteidigt werden. Die Wolkensteiner unterstützten tatkräftig ihre Starkenberger Freunde. Oswald schrieb in dieser Zeit sein Lied über die belagerte Burg Greifenstein bei Siebeneich.

Der Landesfürst berief einen Landtag nach Meran ein. Die 72 Räte befanden, dass der ohne Wissen des Landesherrn geschlossene Adelsbund als ein Verbrechen gegen die Landesgesetze anzusehen sei. Der militante Adelsbund war damit im Land geächtet. Schon wenige Tage später gaben eine ganze Reihe von Adeligen eine feierliche Erklärung ab und erklärten ihre Solidarität mit ihrem Herzog.

Unter ihnen waren auch die Brüder Michael und Leonhard von Wolkenstein, die noch hinzufügten, dass die Starkenberger diese Erklärung nicht unterschrieben hätten.

Oswald werden weiterhin Gewaltakte gegen Martin Jäger vorgeworfen. Um 1224 veröffentlichte er erstmals eine Sammlung von Liedern. Im gleichen Jahr versöhnte sich der Herzog mit dem König und erhielt dafür alle von König Sigmund eingezogenen Besitztümer wieder zurück.

Im November 1426, nach dreijähriger Belagerung der Burg, gaben nicht nur die Starkenberger Brüder auf, es unterwarfen sich nun auch die Brüder von Spaur dem Landesgesetz. Oswald erhielt vom Fürsten jetzt eine Vorladung zum Landtag in Bozen. Er floh aus Tirol, wurde aber bei Wasserburg am Bodensee gefasst und in Innsbruck eingesperrt.

Mit Martin Jäger wurde der Rechtsstreit 1427 beendet. Oswald musste an Jäger 500 Dukaten für widerrechtlich eingezogene Einkünfte übergeben. Außerdem wurde festgehalten, welchen Besitz Oswald noch behalten darf. Weiter unterwarf er sich formell dem Landesfürsten. Oswald von Wolkenstein zog sich in die ihm noch verbliebene Burg Hauenstein zurück.

Als 1427 Bischof Berchthold starb, wurde gegen einige Stimmen Ulrich Putsch, ein Schwabe und vorher Pfarrer in Tisens und Tirol/Meran sowie Kanzler des Landesfürsten, vorgeschlagen. Auch Oswald zeigte unverhohlen seine Abneigung gegen Putsch als neuen Bischof. Anfang 1428 brach Oswald zu einer Reise nach Deutschland auf, um sich in Westfalen Geld zu verschaffen, obwohl in den Verträgen seiner Unterwerfung ausdrücklich festgehalten war, dass er außerhalb Tirols keinen Kontakt zum Adel aufnehmen dürfe.

Sein Weg führte von Südtirol über Salzburg, München, Augsburg, Ulm, Heidelberg, Köln nach Aachen. Er suchte mittels eines Feme-Gerichts von seinem Schwager Hans von Villanders die Pfandscheine zurückzubekommen.

Warum vor einem Feme-Gericht (Reichsgerichtsbarkeit) in Westfalen, das das Landesrecht außer Kraft setzen soll und das auch Herzog Friedrich nie und nimmer akzeptieren wird? Die Rechtsstreitigkeiten gingen über Jahre hin und her. Erreicht hat er zu guter Letzt nichts. Auch in den Auseinandersetzungen mit dem Bischof, den er sogar gefangen nehmen ließ, zog er den Kürzeren.

1430 begleitete er König Sigmund auf seiner Reise nach Überlingen und Konstanz. Es entstanden – wie immer bei seinen Reisen – Lieder über die beiden Städte. 1431 saß König Sigmund in Piacenza und bat Oswald zu sich. Er verhandelte als Beauftragter mit dem Papst über die Kaiserkrönung Sigmunds und reiste anschließend nach Basel, wo das Konzil tagte. Nach seiner Rückkehr arbeitete er an seiner inzwischen weltberühmten Wolkenstein-Sammelhandschrift, die heute in Innsbruck liegt.

Sein Freund König Sigmund starb 1437, ebenso sein Widersacher Bischof Ulrich, gefolgt von Herzog Friedrich IV. im Jahr 1439. Trotz seines für damalige Verhältnisse inzwischen biblischen Alters gibt es noch bis zu seinem Tod mit 68 Jahren in Meran, 1445, viele Anschuldigungen gegen ihn wegen seiner Rigorosität und Willkür gegenüber Landbesitzern, Pächtern, Bauern, ja sogar Adeligen.

Er, der neben Wolfram von Eschenbach und Walther von der Vogelweide wohl bedeutendste deutsche Autor des Mittelalters, hinterließ in seinen Liedern und Balladen einen bunten Einblick in die damalige Zeit. Dies ist und bleibt sein unbestrittenes Verdienst.

LADINISCHE GEBIETE IN SÜDTIROL

Die Völkerschaften, die den Alpenraum in den Jahrhunderten vor der römischen Eroberung bewohnten, werden als Räter bezeichnet. Sie entwickelten ab dem 5. Jahrhundert v. Chr. eine beachtliche Kultur. Über die Herkunft der Sprache wissen wir fast nichts. Der rätoromanische Sprachraum wurde durch die Völkerwanderung und den weiteren Sprachraumverlust in drei getrennte Gebiete aufgeteilt, welche jeweils eine eigene Entwicklung durchgemacht haben: Graubünden (Rumantsch), Dolomiten (Ladin) und Friaul (Furlan).

Ladinisch ist eine neulateinische Sprache, die durch die Romanisierung der Alpen entstanden ist. Der Untergang des Rätischen in den Alpen ist vergleichbar mit dem Untergang des Gallischen in Frankreich. Die Rätoromanen und die Rumänen sind die Einzigen, in deren Bezeichnung das Wort „Rom“ zu erkennen ist. Die Ladiner sind also Lateiner. Die Sprache liegt in der Mitte zwischen Französisch und Italienisch. Mit der rätoromanischen Sprache nahe verwandt sind auch Okzitanisch oder Katalanisch.

Schon früh erkannten Fachleute, dass es sich beim Rumantsch, Ladin und Furlan um verschiedene Dialekte einer einzigen eigenständigen Sprache handelte. Auf jeden Fall ist das Ladinische kein italienischer Dialekt, auch wenn das von manchen Seiten immer wieder versucht wird so darzustellen.

Die Alpenvölker übernehmen während der Römerherrschaft die lateinische Sprache und vermischen sie mit der heimischen. In der neu entstandenen Sprache (Ladinisch und Rätoromanisch) bleiben Vokabeln des rätischen Ursprungs erhalten. Man kann davon ausgehen, dass der größte Teil der Alpenbevölkerung während der Christianisierung eine

Art Ladinisch gesprochen hat, das durch das Vordringen der Bajuwaren, Alemannen, Langobarden und Slawen während der Völkerwanderung aufgesplittert wurde. Es blieben nur noch voneinander getrennte Sprachinseln übrig.

Um 1200 sprechen bereits zwei Drittel des heutigen Südtirol Deutsch. Den Dolomitenladinern wird die Möglichkeit der Entwicklung von gemeinsamen Strukturen genommen, da der Verwaltungsapparat deutsch ist und die Verwaltungszentren außerhalb der Täler liegen. Die Dolomitenladiner bewohnen die fünf Täler rund um das imposante Sella-Massiv. Gadertal und Enneberg (Val Badia mit dem Seitental Mareo), Gröden (Gherdeina), Fassatal (Fascia), Buchenstein (Fodom) und Ampezzo (Anpezo).

Die Germanisierung durch Regierung und auch Kirche mittels Sprachverbot in den Gebieten, in denen noch Ladinisch gesprochen wurde, ist ein Kapitel Tiroler Geschichte, das nicht gern aufgeschlagen wird. Entdeckt doch der neutrale Betrachter viele Parallelen zu der jüngeren Vergangenheit in Beziehungen zwischen den Südtirolern und den Italienern. Da scheint die ab 1700 von den Gerichtsstuben vorgenommene Germanisierung der ladinischen Familiennamen, die im Übrigen nie zurückgenommen wurde, den harmloseren Vergleich darzustellen. Der Nationalsozialismus hieb in dieselbe Kerbe.

Die Ladiner glauben, dass sie auch heute noch gegenüber ihren anderssprachigen Nachbarn in der Anwendung der Sprache, der Förderung der Kultur, im Zugang zu höheren Berufsgruppen, im Unterricht in der Muttersprache, in den Medien in der eigenen Sprache, in der Teilnahme am politischen Geschehen des Landes und in der Selbstverwaltung der Sprachgruppe benachteiligt sind.

DIE DOLOMITEN UND KÖNIG LAURIN

Die Dolomiten. Anziehungspunkt und Ausgang vieler Wanderungen und Bergbesteigungen mit Freunden in den vielen Jahren. Man muss es einfach erlebt haben, wenn die letzten Sonnenstrahlen eines schönen Wandertages die ersten Schatten bilden und der Abend durch eine zauberhaft werdende Stimmung langsam angekündigt wird. Dann tauchen die Berge in ein märchenhaftes Rosarot.

Dieses Naturschauspiel, das sich schon seit Jahrmillionen wiederholt, erinnert an den Rosengarten von König Laurin, der mich schon als Junge beim Singen von „Wohl ist die Welt so groß und weit“ zu Phantasien verleitete. Deshalb hier nach Gutenberg die Sage von König Laurin:

In den Zeiten, da Germanen als die Herren im Römerreich lebten, regierte in der Stadt Verona, die auch Bern genannt wurde, der mächtige Gotenkönig Dietrich. Er hatte sein Reich als Vatererbe von König Dietmar übernommen und war von Hildebrand, einem tapferen Recken, erzogen und in allen Tugenden des Kampfes wohl unterwiesen worden. Schon bei Dietrichs Geburt war geweissagt worden, dass er zu großen Taten berufen sei. Als Zeichen der Wahrheit dieses Spruches sollte Feuer aus seinem Munde sprühen, sobald er zornig wurde. Als diese Vorhersage wirklich eintraf, glaubten alle an Dietrichs künftigen Ruhm.

Mit dem alten Waffenmeister Hildebrand zog der junge Recke auf Abenteuer aus und bewährte sich im Kampfe mit Grim und Hilde, einem räuberischen Riesenpaar, das im Lande ringsum Schrecken verbreitete. Als unüberwindliche Waffe trug der junge Held seither das herrliche Schwert Nagelring, das kunstfertige Zwerge geschmiedet hatten.

Seit Dietrich den Thron seines Vaters übernommen hatte, kamen von weit her tapfere Helden nach Bern gezogen, um dem König als Gefolgsleute zu dienen; denn sein Ruhm war weit über des Landes Grenzen gedrungen.

Da war der starke Heime, der sich nicht eher zum Waffendienst bereit erklärte, als bis er Dietrichs Überlegenheit im Kampfe anerkennen musste. Auch der kühne Witege wurde Dietrichs Gefolgsmann, obwohl er sich mit seinem kostbaren Schwerte Mimung, das sein Vater, Wieland der Schmied, ihm vererbt hatte, stärker als der Berner gezeigt hatte.

Noch andere Helden kamen nach Bern, um sich mit Dietrich im Kampfe zu messen. Unter ihnen war der Riese Ecke, der Gesittung und Lebensweise der Menschen angenommen hatte und bestrebt war, Ruhm und Ehre zu erwerben. Drei königliche Jungfrauen, von denen eine ihm ihre Hand versprochen hatte, wenn er den mächtigen Berner bezwinge und ihr zuführe, hatten ihn zum Kampfe aufgestachelt.

Ecke fand seinen Gegner nicht in Bern und ruhte nicht, bis er ihn zu später Nachtstunde im Walde traf. Trotz der Dunkelheit musste Dietrich sich zum Kampfe stellen, und so heftig folgten nun Streich auf Gegenstreich, dass das Feuer, das sie aus ihren Helmen schlugen, weithin leuchtete. Endlich gelang es dem Berner, den Riesen zu Boden zu zwingen, und da Ecke eher sterben als sich gefangen geben wollte, musste Dietrich ihn töten.

Traurig bestattete Dietrich den tapferen Gegner, der ihn zum Streite gezwungen hatte. Er musste bald darauf noch weitere schwere Kämpfe bestehen, mit Eckes Bruder Fasolt und dem ganzen Riesengeschlechte, das Eckes Tod rächen wollte. Dann zog er zur Burg der drei grausamen Königstöchter, um ihnen das Haupt des toten Ecke zu bringen, den sie in den Tod getrieben hatten.

Als Wohltäter der Bedrängten lebte Dietrich zu Bern, niemand bat ihn vergebens um Hilfe, und weithin verbreitete sich der Ruhm seiner Taten.

Eines Tages berichtete der alte Hildebrand von einem Zwergenvolk, das tief im Innern der Berge hause und dessen König Laurin, obwohl nur drei Spannen groß, so stark sei, dass niemand ihm widerstehen könne. „Er besitzt in Tirol einen Rosengarten mit goldener Pforte“, sprach der kundige Waffenmeister, „und statt der Mauer umspannt ihn ein Seidenfaden. Wer diesen zu zerreißen wagt, den lässt Laurin furchtbare Rache spüren, denn er nimmt dem Frevler Hand und Fuß als Pfand.“

Da beschloss Dietrich, sogleich mit seinen Mannen aufzubrechen, um sich mit dem Zwergenkönig Laurin im Kampfe zu messen. Sie kamen nach Tirol und fanden auch den Rosengarten, die Rosen dufteten ihnen entgegen, als sie aus dem Walde traten. Witege war der Erste, der in den Garten einbrach und unbekümmert die Rosen zerstampfte. In wildem Zorn stürmte der Zwerg Laurin, mit Speer und Schwert gewaffnet, heran, und der Held hätte sich des Zwerges nicht erwehren können, wenn nicht Dietrich ihm zu Hilfe gekommen wäre.

„Schlagt mit dem Schwertknaufe drein!“ riet Hildebrand seinem Herrn. Doch der Zwergenkönig zog seine Tarnkappe hervor und streifte sie über. Unsichtbar für den Gegner, ließ er nun Schlag auf Schlag auf den Berner niedersausen und bedrängte ihn hart. „Fasst ihn um den Leib und entreißt ihm den Gürtel!“ rief der alte Waffenmeister in der höchsten Not, und Dietrich folgte, wie immer, seinem Rat.

So gelang es ihm, den furchtbaren Gegner, dem der Gürtel die Stärke von zwölf Männern verliehen hatte, zu Boden zu zwingen.

Da bat Laurin um Gnade, die ihm auch gewährt wurde, und als er die Recken in sein Reich einlud, folgten sie ihm in das Innere des Berges.

Fröhliches Leben herrschte in König Laurins Reich. Die Gäste wurden bewirtet und mit allerlei Kurzweil, mit Gesang und Tanz und ritterlichen Kampfspielen, die das Zwergenvolk zeigte, unterhalten. Laurin aber hatte die Rache nicht vergessen, die er im Stillen den Recken geschworen hatte. Mit einem betäubenden Trank senkte er sie alle in tiefen Schlaf; dann ließ er die Wehrlosen fesseln und in einen finsteren Kerker werfen.

Über solchen Verrat geriet Dietrich, als er aus dem Zauberschlaf erwachte, in unbändigen Zorn. Flammen sprühten aus seinem Munde und verbrannten die Fesseln. So ward er frei und konnte die Bande seiner Gefährten lösen. Den Kerker vermochten die Helden jedoch nicht zu öffnen. Dietrichs Waffengefährte Dietleib, dessen Schwester Künhild König Laurin in den Berg entführt hatte, um sich mit ihr zu vermählen, lag in einer besonderen Kammer gefangen.

Künhild, die nichts sehnlicher wünschte, als Laurins Reich zu verlassen, befreite den Bruder und trug ihm Waffen zu. Kurze Zeit später half dann Dietleib dem König Dietrich und seinen Mannen aus ihrer Haft heraus.

Vergeblich rüsteten sich die Zwerge zu Tausenden, sie erlagen der Kraft der Helden, König Laurin wurde gefangen genommen, und Dietrich gedachte, ihn wegen seiner Treulosigkeit zu töten. Aber Künhild, Dietleib und Hildebrand baten für ihn, so dass Dietrich ihm Gnade gewährte. Er führte den Zwergenkönig mit sich nach Bern. Später versöhnte sich Dietrich mit Laurin und ließ ihn in den Berg zurückkehren.

QUELLEN

Baum, Wilhelm, 1983, Nikolaus Cusanus in Tirol

Corti, 1948, Metternich und die Frauen

Demetz, Stefan, 1998, Südtiroler Archäologiemuseum

Egger, Josef, 1882, Die Tiroler und Vorarlberger

Fleckinger, Angelika & Steiner, Hubert, 2000, Der Mann aus dem Eis

Gelmi, Josef, 2000, Geschichte der Stadt Brixen

Gufler, Christoph, 1997, Die Pfarrkirche Maria Himmelfahrt von Niederlana

Hirn, Ferdinand, 1913, Tirol von 1809 bis 1814

Huber, Alfons, 1864, Geschichte der Margaretha Maultasch

Jäger, Albert, 1844, Tirol und der baierisch-französische Einfall im Jahre 1703

Jost, Dominik, 1991, Ein literarisches Landschaftsbild

Klein, Karl Kurt, 1954, Vorkarlisches Schrifttum im deutschen Südostraum

Kühn, Dieter, 2000, Ich Wolkenstein

Menara, Hanspaul, 1986, Südtiroler Waalwege

Meuthen, Erich, 1964, Nikolaus von Kues

Priewe, Jens, 1999, Die Weine von Südtirol

Scrinzi, Otto, 1996, Chronik Südtirol 1959–1999

Solderer, Gottfried, 1980, Gell, hinter den Bergen ist Deutschland

Staindl, Alois, 2000, Kurze Geologie von Südtirol

Steininger, Rolf, 1999, Südtirol 1918–1999

Steub, Ludwig, 1878, Lyrische Reisen

Stolz, Otto, 1955, Geschichte des Landes Tirol

Thaler, Josef, 1854, Geschichte Tirols

Tumler, Franz, 1984, Das Land Südtirol

Universität Innsbruck, 2001, Institut für Europäische Ethnologie und Volkskunde

Wibmer Pedit, Fanny, 1997, Margarete Maultasch

Zingerle, Ignaz, 1863, Die Sagen von Margaretha Maultasch